아, 유마
그의 자취 없는 모습과
한국불교가 가야할 길

아, 유마
그의 자취 없는 모습과
한국불교가 가야할 길

2008년 11월 15일 초판 1쇄 발행
2009년 3월 20일 2판 1쇄 발행
2011년 6월 30일 3판 1쇄 발행
2012년 3월 20일 4판 1쇄 발행

지은이 : 이재운 · 송암지원
펴낸이 : 김인현
펴낸곳 : 도서출판 도피안사

등록   2000년 8월 19일(제19-52호)
주소   경기도 안성시 죽산면 용설리 1178-1
전화   031-676-8700

서울사무소
주소   서울 종로구 삼일대로 30길 21 (낙원동 58-1)
       종로오피스텔 1015호
전화   02-419-8704
팩스   02-336-8701

Homepage   www.dopiansa.com
E-mail   dopiansa@hanmail.net

ISBN 978-89-90223-46-3 04220
ISBN 89-951656-0-X (세트)

값 8,000원

『광덕스님시봉일기』 別 4

아, 유마
그의 자취 없는 모습과 한국불교가 가야할 길

- 이 시대 한국을 찾아온 정명보살의 후신인 광덕스님과
인도 비야리성 유마거사의 후신임을 자청한 김일수 선생

| 제1부 |
〈유마와 수자타의 대화〉 시리즈(4권)의 안내서이며 저자인
유마 김일수 선생의 「생애취재기」 — 〈그의 자취 없는 모습〉

| 제2부 |
『광덕스님시봉일기』 시리즈(본책 11권)의 「요약보고서」인
광덕스님의 뜻에서 바라본 한국불교의 진로 — 〈한국불교가 가야할 길〉

차례

제1부

이 시대 한국을 찾아온 인도 비야리성의 유마거사
〈유마와 수자타의 대화〉 시리즈(4권)의 안내서

추천사 1 • 10
유마의 자변 1 • 18

1. 아무도 몰랐다. 비야리성의 유마거사가 다녀갔다는 사실을 ……… 24
2. 페니실린 쇼크 ……………………………………………………… 32
3. 하나님을 불교에서 찾다 ………………………………………… 35
4. 일수는 하나님을 믿지 않고 도중에 부처를 믿다가 벌을 받았다 … 52
5. 유마의 참 뜻 ……………………………………………………… 59

　추천사 2 • 64
　추천사 3 • 67
　유마의 자변 2 • 69
　유마의 자변 3 • 73
　간행후기 • 84

제2부

한국불교가 가야할 길
광덕스님의 뜻에서 본 한국불교의 진로

1. 오로지 부처님을 따라서 ………………………………………… 94

2. 법회동참은 불자가 거울 앞에 서는 일 ·········· 102

3. 불자의 올바른 신앙생활을 위해서는 재가불자들도 반드시
   수행본찰이 있어야 ·········· 108

4. 청법聽法은 불자의 모든 수행 중에서 기본수행이며
   최종수행입니다 ·········· 113

5. 조계종의 진정한 '중창·중흥' 불사 ·········· 118

6. 소위, 일 잘하는 소임자보다 다소 미련하고 둔한 듯 보여도
   원칙적인 소임자가 절실합니다 ·········· 122

7. 법회개설은 현대인의 생활양태에 따라 ·········· 128

8. 절에서는 결코 상商행위를 하지 말아야 ·········· 132

9. 사회적인 분위기에 초연해야 - 유행은 일시적 현상 ·········· 140

10. 교정敎政 분리의 원칙, 불자 스스로 앞장 서 지켜야 ·········· 145

11. 특별법회가 아닌 정기적인 일반법회를 개설해야 ·········· 151

12. 살기 바쁘다는 이유로 신앙생활[聽法修行]을 가볍게 여기는
    세간풍조 ·········· 159

13. 결혼식이나 잔치는 평일 저녁시간으로 ·········· 161

14. 사회지도층 불자들과 법사, 불교학자들의 솔선수범으로 ·········· 163

15. 우리 종단의 으뜸불사 ·· 171

16. 〈절마다 매주 일요정기법회〉는 종책宗策으로 뒷받침되고
    제도화되어야 ·· 174

17. 현 조계종단이 역사발전에 이바지할 진정한 역할 ······················ 176

18. 종단이나 승단이 안고 있는 모든 문제는 신앙심(信心)을
    통해 해결 가능 ·· 181

19. 변하지 말아야 할 것(常)과 변해야 할 것(無常)에 대한
    종단적인 판단 ·· 188

20. 불교의 미래는 불자 스스로가 만들어야 ······································ 192

21. 한국의 불자들, 오직 대각행원구국구세大覺行願救國救世의
    열렬한 보살로 살아야 ·· 200

후 기 : 나의 자경문, 나의 출사표 • 206

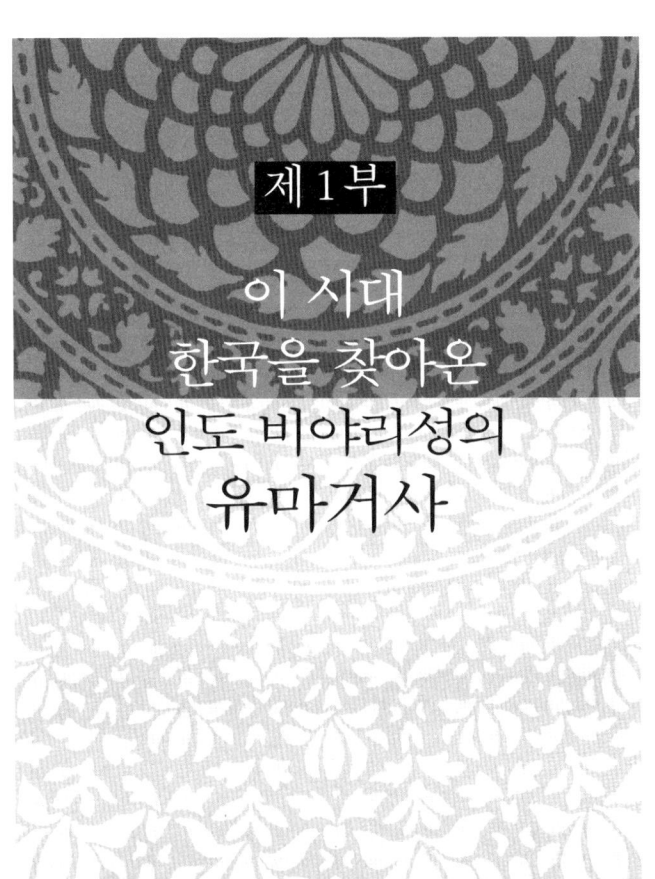

제1부

이 시대
한국을 찾아온
인도 비야리성의
유마거사

불교란 무엇입니까?

수자타 : 불교란 무엇입니까?
유　마 : 부처님의 가르침이다.
수자타 : 부처님은 무엇을 가르치셨습니까?
유　마 : 마음을 가르치셨다.
수자타 : 마음이란 무엇입니까?
유　마 : 지금 이것이다.
수자타 : 무엇으로 압니까?
유　마 : 바로 이것으로 안다.

그리하여 〈유마와 수자타의 대화〉는 시작되었다.

추천사 1

오로지 진리를 찾아서 …

미산현광(彌山賢光)
중앙승가대학교 교수, 백운암 상도선원 선원장

1

청심향을 사른 것처럼 청량합니다. 요즘도 이처럼 순수하고 진지하게 종교적 진리에 대한 성찰과 고민을 깊이 한 분이 계셨음이 놀랍고 신선합니다. 희유한 일이기까지 합니다. 만약 평소 고故 김일수[ID:유마]님이 진리추구에 대한 진지한 태도가 없었다면, 『대승기신론』을 대하는 순간 그토록 번뜩이는 종교적 예지와 회심回心이 과연 가능했을까요.

아마 종교를 삶의 장식이나 취미쯤으로 생각하는 사람들에겐 도저히 불가능한 일이었겠지요. 자신의 종교에 대한 진지한 탐구심과 열렬한 구도심, 그리고 자신이 믿는 종교의 진리성을 철저하게 검증하는 탁월하게 열린 마음, 또 진리를 얻기 위해서는 신명身命도 바칠 수 있다는 위법망구爲法忘軀의 절절한 심정, 이렇게 골고루 잘 갖추지 않고는 도저히 있을 수 없는 불가능한 일일 것입니다.

2

종교도 문화입니다. 문화는 사상이고, 사상은 정제된 생각이며, 생각은 마음 씀[用心]이고 실천으로 현실에 나타납니다. 결국 종교의 근본은 자신의 마음이라는 거죠. 그러므로 이 마음을 제대로 알지 못하고는 그 어떤 가르침도 자신에게 온전한 진리일 수 없을 것입니다.

여기 진리의 근원인 마음을 찾아 헤맸던 한 인간의 행로行路가 있습니다. 바로 유마님의 행로입니다. 그러나 이 행로는 유마님만의 행로가 아니라 어쩌면 현대인 모두의 행로일 것입니다. 왜냐하면 사람은 본래부터 진리적인 존재이기에 진리를 찾거나 떠나온 진리로 되돌아가는 것은 개개인에게 본자구족本自具足한 본능이고 본성이어서, 억지로 외면하거나 피할 수 없기에 말입니다. 그리고 진리가 아니라면 언젠가는 그곳으로부터 떠나게 됩니다. 진리의 속성 때문입니다.

유마님은 너무나 진지한 개신교의 교인이었고 헌신적인 종교인이었습니다. 그런 그가 그동안 자신의 종교에서 풀지 못했던 (내면, 마음을 몰랐기에) 문제를 풀 수 있었던 것은 어느 날 우연찮게 마음 교과서인 『대승기신론』을 만날 수 있었기 때문이었습니다.

3

현금의 종교인들은 진리추구에 대한 진지한 탐구심과 무한히 열린 태도가 아닌 독선과 아집에 거의 사로잡혀 있고, 신앙이라는 미명아래 집단이기주의적 행태에 매몰되어 종교 본연의 종교인 모습을 상실하고 있다는 지적이 제기된 지 오래이고, 또한 한두 번이 아니었습니다. 그래서 더 이상 종교가 인간을 진정한 행복의 길로 안내할 수 없다고 말하기까지 합니다.

그 한 예로 저는 영국 유학시절에 매우 인상적인 패널토론회에 참석한 적이 있습니다. 옥스퍼드 대학 인권 동아리에서 주최한 〈종교와 과학과의 대화〉라는 토론회였습니다. 21세기에는 과학이 인간들의 행복한 삶을 이끌어 주는 주도적 역할을 할 것인지, 아니면 아무리 첨단과학시대가 되더라도 인생의 행복과 불행의 문제는 종교의 몫이라는 것에 대한 격론이 벌어지고 있었습니다.

약 600여 명의 신학도와 과학도들이 청중으로 참석했고, 저명한 신학자 3명과 과학자 3명이 번갈아 가면서 종교무용론과 과학적 환원주의적 입장을 서로 반박하는 열띤 논쟁의 장이었습니다. 흥미로웠던 점은 토론회 전에 종교 측의 입장을 지지하는 사람과 과학 측의 입장을 지지하는 사람의 숫자를 파악하여 놓고 양측의 주장을 모두 듣고 나서 종교에서 과학으로, 반대로 과학에서 종교로 입장을 바꾼 사람의 수를 알아보는 것이었습니다. 이 토론회에 참석한 패널 중의 한 분이 요즈음 화제의 책으로 각광받는 『만들어진 신』의 저자 '리처드 도킨스'였지요. 결과는 예견대로 과학자들의 논지에 호응하는 사람이 훨씬 많아 과학의 판정승으로 끝났습니다.

4

이 책들(4권)에서 유마님도 과학이 종교를 점령하는 시대를 예견하고 있습니다. 현대인들은 고대인의 인지에 비하면 월등하게 합리적이듯이, 오늘날의 과학발전 속도로 인류문명이 발전한다면 백 년 안에 인류는 태양계를 자유롭게 왕래할 것이고, 천 년 내에는 태양계 전체에 골고루 퍼져 살 것이라고 예견합니다. 지금의 인지능력으로 파악했던 신비감과 경외감을 자아내는 신神의 영역이

그때에 가서는 아주 일상적이고 평범한 일이 될 것입니다.

그렇다고 종교가 사라진다거나 인간이 알 수 없는 영역이 더 이상 없게 될 것이란 것은 아닙니다. 다만 유일신을 섬기는 종교의 역할이 극히 줄어들어 종교박물관에서나 볼 수 있게 될 것이라는 것입니다. 하지만 불교는 인간들이 고통에서 벗어나는 길을 일관성 있게 제시하고 있으며, 고통의 문제를 푸는 방식이 맹목적인 믿음을 강요하는 것이 아니라, '있는 그대로의 진실'을 왜곡됨 없이 이치에 맞게 인지하도록 가르치기 때문에, 과학이 아무리 발달해도 불교는 존속된다고 다수의 사람들은 생각하고 있습니다. 이 책에서 유마님도 같은 주장을 하고 있습니다. 자신이 믿었던 기독교는 신학적 기반이 취약하여 오직 '믿음'으로 모든 문제를 해결하려는 경향이 강하므로 이 점은 역시 불교에서 배워야 할 점이라고 강조하고 있군요.

동시에 불교도佛敎徒도 기독교(천주교와 개신교 등)도徒의 희생과 봉사정신을 본받아야 한다고 말합니다. 지혜의 발현과 자비의 실현이라는 분명한 이론과 실천체계를 가지고 있음에도 불구하고, 현실의 삶 속에서 자비행을 실천하는 데 매우 인색하며, 기독교도의 사회구호활동에 비교하면 턱없이 취약한 실정이라는 것입니다.

5

21세기는 다종교사회이고 지식 정보사회입니다. 다양한 종교가 유용한 정보를 공유하여 종교 간의 벽을 자유롭게 넘나들고 있습니다. 가톨릭 신부님이나 수녀님, 개신교의 목사님이나 장로님들이 참선이나 위빠사나 명상을

하고, 스님들이 찬송가 풍의 찬불가를 부르고, 매주 일요법회를 하기도 합니다. 종교학에서는 이를 종교접변현상이라고 합니다. 물론 사회저변에는 아직도 자신의 종교와의 다름을 악의 축으로 규정하는 근본주의적 시각을 가진 종교인들이 상당히 많은 것이 사실이고 현실입니다. 하지만 유마님이 예견한 것처럼 미래시대의 종교는 보편타당성과 합리성을 외면하면 점점 더 입지가 좁아질 것은 확실해 보입니다.

6

『대승기신론』을 통한 회심回心의 종교체험 이전까지는 유마님의 불교에 대한 이해는 전무했다고 스스로 말하고 있습니다. 그러나 이 책에서는 불교를 독학한 분의 글이라고 믿기 어려울

정도로 불교에 대한 이해가 깊고 표현이 정교합니다. 또한 문제의 본질을 꿰뚫는 통찰력과 논의 핵심을 읽어내는 명쾌함이 돋보입니다. 형식면에 있어서도 〈대화록〉처럼 재미있게 엮어 놓았으므로 부담없이 읽을 수 있고, 또한 〈명상록〉처럼 깊은 사색이 담겨 있습니다. 특히 2권과 3권, 마지막 4권까지 시종 흥미진진한 촌철살인의 비범함이 번뜩입니다.

이 4권의 수행일기는 진리에 대한 사유와 삶에 깊은 고뇌를 엿볼 수 있어 비슷한 길을 추구하는 많은 종교인들의 마음수행에 상당한 도움이 되리라 생각됩니다.

또 논점이 분명하므로 독자들로 하여금 종교의 핵심쟁점들에 대한 적절한 문제의식과 동시에 답을 던져줍니다. 이 책은 최근의 화제작으로 서양에서 백만 부 이상 팔려나간 리처드 도킨스의 『만들어진 신』이나 이에 대한 인터넷상의 공개 비평서 한을 책으로 낸 데이비드 A. 로버트슨의 『스스로 있는 神』과 함께 종교의 변증서로써 손색이 없을 정도로 명쾌하고 박진감 넘치는 문제제기와 반박, 나아가 깊은 사색과 성찰이 담겨 있는 역작임에 틀림없습니다.

이런 점에서 이 책은 한국판 『승려와 철학자』나 『만들어진 神』이라는 생각마저 들게 합니다. 부연하자면 이 책은 기독교도와 불교도들이 우선 읽어야 한다고 봅니다. 상호유익하기 때문이지요. 기독교나 불교 등 기존 종교들의 권위나 체면보다 더 중요한 사실은 '진리'입니다. 각 종교가 저마다 진리를 내세우지만, 때로는 자신들의 입장에서 말하는 자기들의 주장일 경우가 많습니다. 그런 제각각의 입장을 떠나서 보편타당한 진리만이 현금의 인류를 구할 수 있는 진정한 구원의 길이 될 것입니다.

7

끝으로 '(도서출판) 도피안사'를 통해 문서포교를 펴고 있는 송암스님께서 각별한 뜻을 내어 유마님의 유고遺稿를 모아 시리즈(1~4권)로 묶어 낸 것은 광덕 큰스님의 위법망구爲法忘軀의 보살생애를 따르고 실천하는 보현행이라는 생각이 듭니다. 또한 위법망구적인 삶을 짧게 살다 간 유마님의 글을 송암스님이 『광덕스님시봉일기』시리즈를 낼 때의 정성으로 스스로 편감이 되어 원고를 직접 가다듬어 4권으로 출간한 것은 스승의 대각행원구국구세大覺行願救國救世의 운동을 선양하기 위함이라고도 보여집니다.
아무쪼록 여러 모로 갖춘 이 책을, 강호제현들께 삼가 일독을 권청합니다.

> 2552(戊子)년 부처님오신날을 맞으며
> 서울 동작구 백운암 상도선원에서
> 미산 합장

유마의 자변自辯 1

돌이켜 보니 …

　돌이켜 보니, 내가 여기저기서 참 많은 말을 한 것 같다. 왜 그랬을까?
　어떤 땐 상대를 붙잡고, 어떤 땐 내 스스로를 붙잡고 씨름하듯 이런 말 저런 말을 해댄 것이다. 도대체 내가 왜 그랬을까? 아리송하다.
　처음엔 그냥 기독교〔천주교·개신교〕 사이트에서, 그 사람들의 불교에 대한 지나친 편견과 무지無知한 소견들을 일깨워주고, 나아가 그들의 진리〔실상實相〕를 알려주고자 시작한 말들이었는데, 이렇게 많은 말들…….
　결국 여기까지 와 버렸다.

　지난여름, 한 친구가 어떤 불교 수련회엘 참가한다기에 오랜만에 얼굴도 볼 겸, 동행하면서『유마와 수자타의 대화』(그때까지 아마 17편쯤)가 궁금하다고 하기에 컴맹인 그 친구를 위하여 친절하게 소책자 형식으로 프린트를 해서 주었다. 그는 뭐가 그리 재미있는지 수련 대중들과 함께 있는 방에서 혼자 열심히 읽고 있었다. 그의 태도가 하도 진지하자 사람들이 하나 둘 친구 곁으로 모여들었다. 어깨 너머로 같이 읽어 가는 것을 보고는 무척 민망하였다. 개중의 어떤 사람은 아예 "이 책(?), 누가 쓴 겁니까?" 하고 묻기도 했다. 친구는 눈을 들어 말없이 나를 지목하였다. 쥐구멍으로라도 들어가고 싶은 심정이 되었다. 그러면서도 가만히 사람들의 눈치를 살펴보니까 내용이 영 싱겁지는 않은 모양이었다. 속으로 이제는 기회 있으면 불교인들을 위한 불교 이야기를 본격 써야겠구나 하고 생각했다.

그런데 그게 뜻대로 잘 되지 않았다. 알고 있는 것도 빈약하거니와 쓰다가 항상 '새는 쪽박으로 법을 옮기려느냐?' 하는 내부로부터 울려오는 자성自省의 소리 때문에, 좀 쓰다가 그만두길 몇 번이나 거듭했다. 그러면서도 드문드문 썼던 글들은 완전히 몰염치한 얼굴로 쓴 것이다.

이번에 아버지의 기일에 집엘 가는데 그 친구가 또, "더 쓴 것 있으면 마저 챙겨 오라!"고 전활했다. 그래서 그 때는 아예 그 동안 인터넷에서 중얼거렸던 모두를 낱낱이 찾아내어서 프린트하여 가져다 주었다. 그런데 그 양이 웬만한 책자 몇 권은 족히 될 것 같아 내심 나도 놀랐다. '아니, 내가 웬 말을 이렇게 많이 주절주절 늘어놓았지?' 이렇게 생각하며 챙겨 보니, 무려 A5 용지로 500쪽이나 되었다. 아니 도대체 내가 언제 무슨 말을 이렇게 많이 해댄 걸까?

　스스로도 긴가민가 의아하여 프린트하면서 한 쪽 한 쪽 넘기며 읽어보니, 죄다 내용은 얄팍하고 구업口業만 가득 지은 말들 아닌가! 이게 아니다 싶어 흔적을 싹 지우려고 마우스를 들었는데, 차마 그리하지 못하였다. '그래, 내가 나한테 한 말인데 혹시 누가 욕하고 흉본들 어떻겠는가!' 하고 마음을 바꿔 먹었다. 그리곤 다시 정리하며 가만히 살펴보니, 웬걸 이번엔 제법 볼 만한 느낌이 들었다.

　왜, 한 가지 일에 두 마음이 작용하였을까?
　남들이 보는 글들이다 하였을 때에는 부담이 되어 영 '아니올시다' 하였지만, 내 스스로가 스스로에게 하는 말이다 하였을 때에는 눈물나게 고마운 글들이었다. 그렇다. 누가 있어 나에게 이런 말을 해 주랴! 여태껏 나에게 이런 말이나마 해 준 사람은 하나도 없었는데, 스스로가 있어 아주 사소한 것에서부터 제법 깊이 있는 것까지 모양을 갖추어 말을 해 줬으니 이 얼마나 고마운 일인가?
　『유마와 수자타의 대화』를 기다리는 분이 있는 것 같다. 그러나 아무리 내 스스로를 경책하기 위하여 쓰겠다고 맘먹고 한 일이라지만, 계와 정과 혜를 갖추지 못한 사람으로서 그것이 뜻대로 쉬운 일만은 아닌 것을 이해해 주기 바란다. '마하보디

샤트바(대보살)'들이 당장에 눈앞에 나타나서 크게 호통을 친다면, 나는 당장에 까무러치고 말 것이다. 누구라서 감히 보살마하살을 대하여 두려움 없이 함부로 구업을 지으려 하겠는가 말이다.

(부처님 안 계신 무불시대無佛時代에는 보살님들이 왕대장이시다.)

요즘 선정공부가 잘 안 된다. '되었다, 안 되었다' 하는 것 자체가 벌써 알 만한 수준이지마는, 번뇌가 많아졌다. 많이 흔들린다. 예전엔 스승 없이 혼자 삼매에 너무 깊이 빠지는 것이 두려워 일부러 깨어 나오곤 하였었는데, 요즘엔 그나마도 삼매가 잘 이루어지지 않는다. 혹시 말을 너무 많이 한 탓은 아닐까? 이렇게 살다가 섣달 그믐밤을 맞이해서는 안 되는데…….

돌이켜 보니, 말을 많이 하기도 했지만, 용기를 많이 내기도 한 것 같다. 이제 다시 힘을 내어야지……. 나 같은 중생이 힘을 내어야 비로소 여러 중생들도 힘을 낼 것이기 때문이다. 만일 저 아라한이나 보살들만이 힘을 낸다고 한다면 어느 중생이 그것을 보고, '나도 힘을 내서 이 긴긴 밤을 눈뜨고 지내리라!' 하고 용기를 가질 것인가? 바로 벼랑 끝에 서 있는 나 같은 중생이 힘을 내야 대부분의 중생들이 보고 용기를 가질 것이다.

그렇다. 내가 힘을 내고 용기를 내어 '아뇩다라샴막삼보리〔無上正等正覺〕'의 마음을 내는 것이 무엇보다 의미가 있다. 32상

80종호의 부처님 특상特相을 하나도 가지지 못한 나 같은 중생들의 '아뇩다라샴먁삼보리심' 이야말로 이 삼천대천세계에 희귀하고 또 희귀한 일이 아닌가 말이다. 이는 마치 하루살이가 구름 위를 나는 것과 같고, 진흙 속에서 우담화가 핀 것 같아, 이러한 희귀한 일이 자유롭고도 평등하고 흔하게 도처에 일어나는 것이 곧 부처님의 소원이고 가르침〔佛敎〕이란 것을 사람들이 알게 될 것이다.

　이런 까닭에 늘 그 분은 이렇게 말씀한 것이다. 불교야말로 사람들에게 '와서 보라' 할 만하고, '와서 만져 보라' 할 만하고, '와서 가져라' 할 만한 것이, 이 아니겠는가!

　그러고 보니, 또 말을 많이 한 셈이다. 비록 그럴지라도, 더 말을 이어야 하지 않겠는가? 아직 할 말이 남았는데……,

　그 말은 바로,

　"이 글의 인연자, 여러분이시여! 모두 스스로 자신의 등불을 밝혀〔自燈明〕 앞가림을 하고, 진리의 등불을 밝혀〔法燈明〕 후세를 위하고자 한다면, 다 함께 정진합시다. 정진합시다. 용맹정진합시다!"

　그렇게 하라고 들었으므로 여기 그렇게 말을 합니다.

유마 합장

〈유마와 수자타의 대화〉 시리즈(4권)의 안내서
이 시대 한국을 찾아온
인도 비야리성의 유마거사

■
■
■

青陽居士 이재운 / 소설가

1 아무도 몰랐다
비야리성의 유마거사가 다녀갔다는 사실을…

유마가 다녀갔다. 아무도 몰랐다. 산마루를 넘어갈 때 살짝 이마를 스친 바람 한 점, 새벽길에 옷깃을 적신 이슬 한 방울, 어쩌면 저물어가는 봄날에 가까스로 들어본 소쩍새 울음소리 같았는지도 모른다. 그가 평범하게 다녀간 일이 말이다.

그가 이 시대를 찾아와 같은 뉴스를 들으며 같은 고민을 안고 함께 살았다는 사실을 가족이나 주변에서도 알지 못했고, 친구나 친척 그 누구도 알지 못했다.

그도 직장을 다니고, 사업을 하고, 외환위기를 겪고, 우리가 보던 드라마와 영화를 보고, 월드컵이 열릴 때는 그도 '붉은 악마'가 되었다. 벗도 사귀고, 사람들을 사랑하기도 했다. 우리들이 대개 그러하듯 그에게도 사랑하는 아내가 있으며 귀여운 아이들이 있다.

예수도 부처도 오직 사람들 속에 있었듯이 그 역시 우리 속에 그렇게 있었다.

그는 스스로 유마라고 밝혔다. 숨기지 않았다. 있는 그대로 드러내 놓고 평범하게 살았다. 조금만 관심을 가졌더라면 얼마든지 알아볼 수 있었다. 그런데도 우리는 그를 끝내 유마로 알아보지 못했다.

'아니, 유마가 언제 적 사람인데? 그는 벌써 죽었어.
그냥 인터넷 아이디(ID)일 뿐이야.'

이렇게 간단히 치부해 버리고 바쁜 일상 속으로 파묻혔다. 우린 늘 이런 이치로 지레짐작으로 유마를 몰라보고, 우리들 주변에 항상 있는 관세음보살, 문수보살을 보지 못하고, 우리 이웃으로 살아가는 여러 보살들을 보지 못하고, 이 시대 우리와 함께 살아가는 성인들을 보지 못하고 섬기지 못한다.

왜냐하면 하도 자연스럽고 천연덕스러워 별로 특별한 것이 없기 때문이다. 오늘날 우리들은 특별한 것을 몹시도 좋아하는 데도 말이다. 그래서 더욱 몰라보는 것이다.

그가 인터넷에 올린 '도인들의 이야기'란 글을 보아도 그가 바로 유마인 것을 단번에 알 수 있다. 이 평범한 힌트를 통해 어쩌면 자신을 은근히 밝히고자 했는지도 모른다. 그렇다면 이것은 자신의 면모이리라.

도인이 도인과 만나 도를 이야기할 때 오랜만에 만나면 "오랜만이군. 잘 있었는가?"

아플 때 만나면 "몸은 어떤가? 견딜 만한가?"

점심 때 만나면 "점심은 먹었는가?"

비즈니스로 만나면 "돈벌이는 잘 되어 가는가?"

그리고 시간이 되어 헤어질 때는 "잘 가게. 또 보세"라고 한다.

그렇다. 이처럼 그 역시 그러했다. 함께 노래방에 가 '소양강 처녀'나 '남행열차'를 부르고, 술집에 가 '참이슬'이나 '처음처럼'과 같은 소주를 나눠 마셨다. 돈을 구하기 위해 뛰어다니기도 하고, 자식이 아플 때는 병원으로 달려가 안달하기도 했다. 그냥 이웃집 아저씨, 잘 아는 선후배, 내 곁을 스쳐 지나가는 사람, 군중 속의 한 사람, 다만 그러했다. 그래서 더욱 몰랐으리라. 그럼에도 불구하고 그는 한 번 더 슬며시 귀띔을 해주었었다.

부처님이 세상에 나타나실 때에는 항상 보살의 모습으로 오시고, 보살의 모습으로 오신 뒤에는 항상 부처됨〔成佛〕을 보이십니다.

아, 물론 보통 사람의 모습으로도 오십니다. 백정이나 음란한 여인이나 무지렁이나 바람둥이나 거렁뱅이 같은 모습으로 오실 때에는 항상 눈물 콧물 범벅이 되게 몸을 떨며 엎어져 우는 중생의 가엾은 모습입니다. 다른 아무것도 못하고 오로지 간절히 간절히 염불하는 모습만 겨우 보여줍니다. 그러고는 쓸쓸히 추운 겨울 찬 바닥에 거적대기를 깔고 죽어버리면 호적에는 무연고자가 동사〔凍死〕한 것으로 빨간 두 줄이 그어집니다. 아무런 상서로움도 없이, 아무런 방광도 없이…….

그래서인지 당신이 그를 몰라볼 뿐입니다. 당신에게 염불을 가르치려 당신 곁에 그런 모습으로 태어나는 운명을 감수하고 계시다는 것을 당신은 까맣게 모릅니다. 아, 무정한 사람 당신!

이 글을 보면 전율이 인다. 그가 그렇게 간절히 말했는데도 우리가 보지 못하고 듣지 못했으니. 하지만 그의 말은 단지 유마 자신을 두고 한 말만은 아니다. 지금 이 시각에도 우리 주변에 수많은 보살들이 있으되 우리가 보지 못하는 일이 더 많을 것이기 때문이다.

그러고 보니 성인이 이 세상을 다녀가실 때에는 늘 그러했다. 위대한 예술가가 세상을 다녀갈 때도 그러했다. 영광은 후세의 몫이지 자신들은 그 어떤 영광의 불빛도 받지 않는다는 사실……. 도서관 사서일이나 하다 사라진 노자, 평생 변변한 벼슬자리 하나 얻지 못한 공자, 자살한 고흐, 십자가에 못 박힌 예수, 정신병으로 죽은 이중섭…….

당시의 사람들은 그들을 알아보기는커녕 비방을 일삼았다.

여기 이 시대를 찾아온 저 유대 땅의 예수와 같은 사람, 비야리성의 유마거사와 같은 사람, 그런 유마 김일수를 보라. 비록 때늦은 자각이긴 하나 지금이라도 그에 대해 우린 알아야만 한다.

그의 이름은 김일수, 1954년 2월 24일 제주 서귀포 중문에서 태어나, 6·25전쟁 이후 3남6녀가 자라는 대가족에서 이승의 삶을 열었다. 그리 먼 얘기가 아니잖은가. 우리들 자신이거나 형이거나 동생이거나 혹은 아버지 시대가 아닌가.

그는 왜 하필 4대째 개신교를 믿는 집안에 몸을 나투었을까. 그의 아버지는 스물다섯 살부터 장로를 지내고, 목사를 지내고, 어머니는 시골 병원집에서 자란 독실한 개신교 권사였다. 친가와 외가가 모두 개신교를 신앙했으며, 외삼촌이 목사이며, 누나들은 목사의 부인이 되기도 했다.

그가 태어날 때부터 가정예배가 일상으로 이루어졌고, 크리스마스, 부활절, 추수감사절, 일상의 예배, 성경암송, 아침저녁의 기도가 생활이었다.

이런 가풍에 따라 그는 어려서부터 자연스럽게 교회에 다니며 성경을 배우고 익히고 외우고 찬송하며 기도하는 생활에 깊이 젖어들었다. 아니 끝도 없이 빠져들었다. 그래서 하나님과 예수님이 세상을 지배하고, 나라를 지배하고, 사회를 지배한다고 굳게 믿으며 자랐다. 하나님의 백성으로 선민의식을 가지고 자랐다. 풀 한 포기 자라는 것도, 열매 한 알 열리는 것도, 비 한 방울 떨어지는 것도 다 하나님의 섭리요, 하나님의 허락 없인 아무것도 이루어지지 않는다고 굳게 믿었다. 이런 개신교 집안의 열망에 부응하여 그의 첫아들의 아명을 모세라고 짓기도 했다.

특히 그의 아버지는 독실한 개신교 장로이자 목사로서, 불교와 무속이 깊이 뿌리를 내리고 있는 제주에 개신교를 전파한 독실한 크리스찬이며 지역 유지이기도 했다. 그는 일본에서 나온 성경해설서 등을 번역하여 출판할 정도로 개신교 전도에 열을 올렸고 또한 기독교계의 지식인이었다.

그렇다. 성인이 이 세상에 오실 때는 진자리, 마른자리 가리지 않는다. 보살이 목사의 아들로 올 수도 있으며, 천주교 성인들이 불교 집안을 찾아올 수도 있으리라. 칭기즈칸이 중국에 태어나고, 이순신이 일본에 태어난다고 하등 이상할 일도 아니다. 저 우주 삼천대천세계三千大千世界와 삼계三界의 대도사大導師들이 왜 인간의 작은 틀에 갇히며 그런 사소한 것에 휘둘리겠는가.

생각해보자. 붓다가 왕자로 태어난 사실도 마찬가지다. 부와 권력, 욕망을 이룰 수 있는 부귀영화의 푹신한 자리에서 어떻게 우주를 꿰뚫는 대진리大眞理를 탐구할 수 있겠는가. 대개의 사람들이 돈에 휘둘려 인생을 허비하는 것처럼 부와 권력을 탐닉하다가 한 세상 보내기 딱 좋은 자리가 아니었던가.

그럼에도 불구하고 싯다르타는 과감히 그런 욕망을 떨쳐내

인도에서 바이어들과 함께 (왼쪽 두 번째가 유마 김일수)

고 부귀영화의 자리를 떠났다. 이는 가난한 사람이 가난을 떨쳐내고, 불우한 사람이 불행한 그림자를 지워버리는 것보다 더 힘든 일이다. 그러고 보면 싯다르타는 가장 힘든 자리로 이 세상에 왔던 것이다. 그리고 거기서 벗어나는 모습을 우리에게 자세히 보여주었다. 진리를 위해서 무엇을 취하고 무엇을 버려야 하는지를 잘 보여주었다. 유마 김일수가 이 세상에 온 것도 그와 다르지 않고, 또한 우리들 각자의 탄생 인연도 그러하지 않을까. 다만 각자 그러한 자신을 까마득히 모를 뿐이다.

이렇듯이 유마 같은 성인이 이 세상에 올 때야 왜 편안한 거처에 몸을 두고 일신의 안위를 구하려 했겠는가. 어쩌면 그는 마음먹기에 따라서 한 세상 재미있게, 행복하게 부귀영화 속에서 잘 살 수 있었을지도 모른다. 그는 천성이 예감叡感하고 호방해 노래를 즐겨 불렀으며, 다루지 못하는 악기가 없어 기타든 피아노든 잡기만 하면 천상天上의 음률을 빚어낼 수 있었다. 바둑이든 장기든 포커든 그 무엇이든 못하는 잡기가 없었고 주흥酒興도 사뭇 도도했으니 가히 일세의 풍류남아였다고 할 것이다. 대화를 하면 재치가 번뜩였고 인터넷 토론방에서는 대적할 사람이 없을 정도로 이로정연理路整然하여 결코 물러섬이 없었고, 언어감각이 뛰어나 영어, 일본어, 스페인어, 프랑스어, 심지어 독일어까지 5개 외국어에 통했으니 이런 재능을 밑천으로 무역업을 열어갔다. 세련된 매너와 준수한 외모, 학구적인 지성미를 풍겨 뭇 여인들의 가슴을 설레게도 했다.

그러나 그는 그 모든 것을 다 버렸다. 싯다르타 태자가 왕궁을 버리고, 부귀를 버리고, 왕자라는 지위를 버리고, 처자권속도 버렸듯이 그도 하나하나 차례차례 버렸다. 마음에서 버리고 현실에서 버렸다. 사고방식도 버리고 습성도 버리고 자신을 형성하고 있던 기존의 믿음마저 버렸다. 그는 일체를 버렸기에 생사의 몸은 죽어버렸다. 다시 태어났다. 위없는 진리 속에서 다시 몸을 받아 태어났다. 철저히 버렸기 때문에 그는 다시 태어날 수 있었다. 다시 태어난 그는 오로지 진리를 벗했다. 우리

네와 달랐다. 경지가 달랐다. 다 같이 밥먹고 잠자고 살았지만 사는 경지가 다른 딴 세상을 그는 노닐었다.

2 페니실린 쇼크

유마 김일수는 세속에 너무 오래 있기 싫어서였는지 법을 찾고 깨우치려는 데 너무 목이 말랐던지 자기자신을 편안함과 안락함에 두지 않고 고난·위험·가난 같은 시련 속으로 몰아가려 한 듯하다.

그가 감기를 앓던 다섯 살 무렵, 시골병원을 운영하던 외가댁에서 어깨너머로 간단한 의술을 익힌 어머니가 만병통치라는 페니실린 주사를 놓으면서 그의 인생은 일대 변화를 맞기 시작했다. 그때까지만 해도 김일수는 외아들이요, 부잣집 자식으로서 누릴 수 있는 모든 걸 누리며 안락하게 자라고 있었다. 비록 어리긴 했지만.

어머니는 아들이 아파하는 걸 차마 보지 못하고 자신의 목숨보다 더한 애착의 마음으로 주사기를 찾아 들었다. 하지만 이 어머니는 아들 김일수에게 페니실린 부작용이 있다는 사실을 미처 확인하지 못했다. 페니실린은 반드시 부작용 테스트를 한 뒤에 주사를 놓아야 하는데 자식에 대한 애착이 그만 상식적인 판단을 가로막았다.

주사를 놓자마자 어린 아들은 실신했고, 호흡곤란, 두드러기, 경련 등 쇼크가 연속해서 일어났다. 이미 주사를 놓은 상태에서는 달리 손을 쓸 길이 없었다. 허둥지둥 하는 사이 어린 아들 유마는 차츰 죽어갔다. 어머니와 아버지가 발을 동동 구르며 목을 놓아 주 예수그리스도를 부르는 동안에도 어린 아들 유마는 깨어나지 못했다.

하루 동안 의식을 아주 놓았던 그는 가까스로 쇼크사를 면하고 실눈을 떴다. 하나님의 은총이었는지도 모른다. 그는 죽음이라는 늪에 몸을 담갔다가 가까스로 벗어났다.

분명 저 때에 수자타가 목격했다는 청년 고타마 싯다르타의 모습을 닮았으리라. 6년 고행으로 깡말라 뼈만 앙상한 고타마 싯다르타의 겉모습을 어쩌면 유마 김일수는 페니실린 주사 한 방으로 닮아버린 것이다.

그는 비록 죽음의 문턱을 넘지는 않았지만 이후 회복이 잘 안 되는 심한 부작용에 줄곳 시달렸다. 애지중지 아들을 길러 온 그의 아버지는 그 후 끊임없이 부작용에 시달리는 연약한 아들 유마를 데리고 집을 떠나 과수원에서 상당한 기간을 따로 살았다. 의사이기도 했던 아버지는 갖은 약과 정성으로 아들 김일수의 페니실린 부작용을 치료했다.

저 목장 집 소녀 수자타가 갈빗대 튀어나온 깡마른 청년 싯다르타가 혹시 굶어죽기라도 할까봐 우유죽을 갖다 먹였듯이, 그의 아버지 역시 젖을 짜 먹이는 심정으로 아들을 위해 밥을 짓고 약을 달여 먹였다. 훗날 유마 김일수도 이 때의 일을 기억하고는 아버지의 정성이 저 때 수자타의 정성과 다르지 않았다는 사실을 깨닫고 〈유마와 수자타의 대화〉라는 제목을 만들었을지도 모를 일이다.

이 죽음을 넘나드는 인생의 대사건을 통해 비록 나이 어리긴 했지만 유마 김일수는 처음으로 하나님 밖의 딴 세계를 구경했다. 그의 아버지 또한 하나님이 정한 인생 밖의 다른 인생을 맛보았다. 김일수도 아버지도 교회와 하나님, 예수님을 잠시 떠나 인간으로서 불가분의 관계인 아버지와 아들로서, 둘만의 시간과 둘만의 공간을 한 동안 가질 수 있었다. 김일수는 이때부터 우주 속에 존재하는 자신, 우주의 품에 안겨 있는 자신을 서서히 인식하기 시작했던 것 같다. 새로운 생각의 싹이 텄던 것이다.

왜냐하면 훗날 어머니의 하나님 품으로 다시 돌아오라는 간절한 요구에 김일수는 우주의 원리, 우주 속의 인간을 예로 들면서 자신은 오로지 진리에 귀의할 뿐이라는 대답을 하고 있기 때문이다. 물론 이것은 훗날의 일이고, 이때만 해도 그에게는 오직 하나님과 예수만이 가장 큰 자리를 차지하고 있었다.

페니실린 쇼크 이후 그를 아는 사람들 중에서는 그가 어려서부터 몸이 약했고 천식환자였으며, 그래서 늘 죽음을 곁에 두고 살았다고 말하는 이가 있다. 하지만 꼭 그런 것만은 아니다. 이 일로 그에게는 눈에 보이는 두 가지 큰 변화가 일어났다.

그가 무슨 말을 하건 귀를 열어주는 스승 같은 아버지가 생겼고, 평생 아들이 잘 되기를 교회에 나가 열심히 기도하는 어머니가 생겼다. 특히 어머니는 아들이 구원받기를 하나님께 호소하는 기도생활로 평생을 바쳤던 것이다. 왜냐하면 아들에게 주사를 잘못 놓아 건강을 망치게 했다는 자괴감 때문이었다. 죄의식의 자괴감으로 몸부림쳐야만 했던 어머니가 오로지 아들을 위해 평생 한 일은 하나님과 예수님에게 아들이 치료되기를 호소하는 것 외에 다른 아무것도 없었다. 밤이고 낮이고 기도에 매달릴 뿐이었다. 그러는 사이 이 아들을 치료할 약이며 음식은 아버지가 구했다. 어머니는 종교적이었고 아버지는 인간적이었다.

3 하나님을 불교에서 찾다

그가 정확히 언제부터 백혈병을 앓았는지 아는 사람은 없다. 그의 부모도 모르고, 그의 아내도 모른다. 절친한 친구인 수보 스님이나 이달춘도 모른다. 다만 그가 페니실린 쇼크로 생사를 넘나들고, 천식으로 고생하고, 시기를 알 수 없지만 언제부터인가 백혈병을 끌어안고 살았다는 점에서 그는 어려서부터 사생관이 독특했던 듯하다. 교회에 나가서도 종종 죽음에 대해 질문하고, 생사의 긴박한 문제에 정면 도전한 적이 많았다고 한다.

그러던 중 그의 아버지가 사업에 실패하여 집안이 복잡해지면서 유마는 집에서 나왔다. 그때 학교 동창이던 서귀포 중문 광명사 수보스님에게 의탁하여 지냈다. 귀신 소굴이라고 여긴 절이긴 하지만 어릴 때부터 함께 자란 두 사람의 우정이 더 깊었기 때문에 가능한 일이었다.

이때만 해도 그는 불교에 대해 전혀 아는 바가 없었고, 여전히 개신교 신앙만을 철저히 끌어안고 있었다. 그럼에도 불구하고 그는 죽마고우 수보스님하고는 더없이 절친한 사이였다. 수보스님 또한 절에 사는 신분에도 불구하고 철저한 개신교인인 김일수의 부모를 마치 자신의 부모처럼 대했다. 두 사람 사이에 종교가 다르다는 이유가 우정에 장애가 되지는 않았다.

그는 수보스님을 학교 다닐 때 부르던 그 이름 그대로 '방진주'로 부르며 광명사 요사채에 머물렀다. 유마는 그저 친구네 집에 간 것뿐이고, 친구를 만나러 갔을 뿐이었다. 그래도 친구인 수보스님이 아침예불, 저녁예불 등 절에 사는 수행자로 성실히 생활하는 것을 보고 이것저것 묻기도 하면서 차츰 불교에 대해 관심을 갖기 시작했다. 유마는 천성적으로 호기심이 많았다. 불교에 대해 경계심을 풀고, 그러면서 호기심이 발동하다 보니 수보스님을 친구로만 대하지 않고 출가한 수행자인 스님이라는 인식을 점차 갖게 된 것이다.

그러던 어느 날 친구인 수보스님에게 볼 만한 불교 책이 없느냐고 물었다. 어쩌면 '하나님이 아닌 잡신을 믿는 종교, 우상 숭배하는 미신이라고 치부하던 불교의 소굴'인 절에 머물면서 도대체 불교가 뭐길래 저 많은 사람들이 머리를 조아리고 무릎 꿇어 빌까 궁금했는지도 모른다.

"진주야, 따분한데 너희 불교책이나 어디 한 번 읽어보자."

이때 수보스님은 "기왕이면 이 책 한번 읽어 보렴?" 하고 《대승기신론》이란 책을 건넸다. 유마 김일수는 이 책을 받아 연속 세 번을 내리 읽었다.

《대승기신론》은 처음 읽는 불교 책으로는 무척 어렵다. 그렇지만 유마는 전생에 닦아온 선근善根 때문이었는지, 타고난 지적 호기심 때문이었는지 용어도 모르고 맥락도 모르는 책을 15일 걸려 세 번이나 읽어냈다. 사실 김일수는 내심으로 불교의 허점을 찾아내고 불합리한 논리를 들추기 위해 책을 읽어보기로 한 것인지도 모른다. 진정으로 불교를 배우기 위해 그런 것은 아니었을 수도 있다. 그 당시만 해도 불교를 무당의 큰집쯤으로 여기고 있었으니 말이다.

그러나 그는 《대승기신론》을 한 번 읽고 두 번 읽고 세 번째 읽어내려 가면서 그만 감당하기 어려운 크나큰 충격에 빠져들었다. 그동안 자신이 기독교 안에서 품고 있었던 의문이나 문제점에 대한 해결법이 그 책에 다 들어 있었기 때문이었다. 불교가 허망하고, 미신이라는 증거를 그 어디에서도 발견할 수가 없었을 뿐만 아니라 오히려 기독교가 안고 있는 태생적인 문제점마저도 시원하게 풀어주고 있었다. 《대승기신론》은 유마에게 너무나 큰 충격인 대사건이었다.

한동안 생각에 생각을 거듭하던 유마 김일수는 결연한 의지의 눈빛으로 "더 볼만한 거 없나?" 하고 친구인 수보스님에게 물었다.

그리곤 말했다.

"진주야, 불교를 제대로 알 수 있는 책 더 있지? 또 줘 봐."

수보스님은 이번에는 여래장 사상 계통의 책을 내놓았다. 그리고 다음에는 유식학을 내주었고, 이어서 반야 계통의 책과 화엄과 정토까지 죄다 소개했다.

여래장을 읽고 다시 유식학을 받아 읽기 시작한 김일수는 미신이니 우상숭배를 넘어 뭔가 심상치 않은 우주와 자신의 비밀이 불교 안에 있다는 걸 깨달았다. 감을 잡았던 것이다. 이렇게 해서 유마의 불교공부, 스승의 지도 없는 불교독학이 본격 시작되었다.

시간이 지날수록 수보스님은 친구 김일수의 눈빛이 달라지는 걸 볼 수 있었다. 그것은 진리를 깨달은 이에게나 느낄 수 있는 법열 같은 것이었다. 유마 자신은 그 당시의 일을 이렇게 기록으로 고백하고 있다.

"나는 《대승기신론(이기영 번역·해석)》을 내리 세 번을 읽었다. 눈도 떼지 않고 읽었다. 거기서 받은 큰 충격은, 기신론이 가진 논리의 허구성을, 불교의 미개함을, 기독교적인 유일사상으로 무장한 내가 찾아내리라고 무진 애를 썼지만 끝끝내 나는 실패하고 말았다…….(중략)

책을 탁— 하고 덮는 순간, 나는 말로 할 수 없는 참혹한 혼란에 빠져들었다. 이때의 나의 혼란은 정신적으로 거의 위험 수준에 가까웠다. 나는 분명 악마의 유혹에 빠져든 것이라고 거듭거듭 자성하면서, 하나님을 예수님을 모질게 붙들고 찾았지만, 이미 그 책자 속의 반듯한 논리는 그런 하나님과 예수님을 모조리 없애버리고 지워 버린 후였다."

이러한 그의 느낌은 차라리 종교를 갖지 않았다면 무덤덤했을지도 모른다. 실제로 많은 불교 신도들이 《대승기신론》을 읽지 않고 있으며, 읽더라도 무슨 뜻인지 잘 알아듣지도 못한다. 책도 읽지 않고 쉽게 너무 일찍 불교신도가 된 이들은 '부처님 오신날'에 등 하나 공양한 인연만으로도 법당에 가 절 한 번 한 인연만으로도 불교를 아주 잘 알거나 부처님의 자비를 한몸에 다 받은 것으로 믿고 산다. 심지어는 절의 스님들하고 조금 친숙하기만 해도 불교를 잘 안다고 우기려 한다. 그러나 불교는 그런 게 아니다. 공부해야 안다. 노력해야 알 수 있다.

이렇듯 불교인들조차 유식학을 공부하는 이는 드물고, 더욱이나 《대승기신론》을 읽고 공부하는 이는 더더욱 드물다. 그런데 개신교인인 유마 김일수가 이 책을 읽고 불교 신도라면 자칫 놓치기 쉬운 것들을 모두 꿰뚫어보고 마침내 붓다를 보아 낸 것이다. 아니 불교를 통해 진정한 하나님의 실체〔진리 : 그가 찾던 진정한〕를 보아 낸 것이다.

그는 이 책을 사탄의 말이라고 마귀의 글이라고 보려고 애썼다. 그럴수록 오히려 진리가 더욱 분명해졌다. 자신이 익혀온 믿음의 힘으로 밀어내려고 갖은 애를 써도 참 진리의 힘 앞에서는 바른 이치 앞에서는 불가항력이었다. 계란으로 바위를 치는 격, 그것이었다.

이는 그의 인생으로나 집안 내력으로나 분명 배교자다. 그러나 한 번 맛 본 진리의 맛은 도저히 떨칠 수가 없었다. 그는 기독교라는 한정된 사유체계 속에서 거의 한 생을 산 인물이었다.

그가 남긴 고백의 기록에서 '비로소 예수가 보였다. 교회가 보이고, 믿음이 보였다. 기독교 안에서는 교회 안에서는 보지 못하던, 아니 그토록 보고 싶어 했던 것들이 불교를 통하니 너무나 잘 보였다. 막힘이 없었다. 기독교의 성경이, 기독교의 교리가, 기독교의 믿음이 아무런 막힘없이 줄줄 설명되었고, 흐르는 강물처럼 걸림 없이 이해되었다'고 썼다.

이때부터 유마 김일수는 본격적으로 불교세계에 뛰어들어 닥치는 대로 불교책을 읽어가기 시작했다. 마른 스펀치가 물을 빨아들이듯이 불교의 진리를 쭉쭉 빨아들였고 목마른 사람이 물 마시는 것처럼 벌컥벌컥 마구 마셔댔다. 그러면서 참선, 염불, 독경 등 기본수행에도 열중했다.

당연히 집안에서는 갈등이 시작되었다. 특히 개신교의 열렬하고 독실한 신자인 어머니로서는 도저히 용납할 수 없는 대사건이 일어난 것이다. 그것도 자신의 장남에게서….

다만 아버지는 아들을 이해하려고 노력했다. 그래서 아버지와 자주 토론을 가졌다. 평소에는 아버지에게 아들로서 예의를 갖췄지만 종교 토론에 있어서는 부자간 서로 한 치의 양보도 없는 치열한 토론이 되었다. 대한민국 제주도 서귀포에서 벌어

부친의 묘소를 참배한 뒤(왼쪽이 유마 김일수)

진 이 토론은 불교와 기독교의 공개된 종교토론으로서는 세계에서 세 번째인 셈이다.

처음은 1873년 스리랑카 파아나두라 마을에서 벌어진 '파아나두라 대논쟁'이었고, 두 번째는 1996년 네팔의 고요한 산중에서 벌어진 프랑스인 부자간의 종교토론이 있었다. 문학자이며 철학자인 아버지, 장 프랑수아 르벨과 그의 아들 마티유 리카르는 분자생물학 박사학위를 취득한 과학자에서 티베트불교의 스님이 되었다. 이 두 부자 사이에서 벌어진 논쟁은 부자간이라는 사실을 뛰어넘은 양보 없는 열띤 토론이었다. 이 논쟁은 〈승려와 철학자〉라는 책으로 나왔다. 이 책은 굳이 종교토론이라기보다 아버지와 아들의 토론에 무게가 더 실려 있다. 아무튼 유마와 그의 아버지와의 종교토론도 앞의 두 토론에 못하지 않는 열띤 토론이었음은 그의 책을 보면 알 수가 있다.

  그가 나중에 인터넷 카페〈유마와 수자타의 대화〉에 올린 글 중 상당수가 아버지와 나눈 이 때의 토론과 주고받은 문답의 내용이다. 그만큼 그의 아버지는 현대인으로서 지식과 상식을 갖춘 교양인이었고 개신교인 중에서도 어느 정도 마음이 열려 있었으며, 또한 진정한 진리를 탐구하는 객관적인 지성인이기도 했다. 이 때문에 제주도 서귀포 중문의 의사였고 개신교 장로이자 목사였던 아버지와 한 때 개신교의 열혈청년이었던 개종자인 불자佛子 아들 유마 김일수가 길고도 길며 위험하고도 위험한 부자간의 진리문답을 치열하게 나누는 세 번째의 세기적인 장정을 시작한다.

  다시 말하지만 그는 처음부터 불교신도가 아니었다. 철저한 개신교 신자였다. 역설적으로 그래서 불교를 더 정확하고 더 깊이 있게 배울 수 있었다. 그것은 기독교가 불교와는 종교적인 진리를 찾는 방법과 목적이 다르긴 해도 이미 어느 정도 종교훈련이 되어 있는 사람이었기 때문일 것이다. 또 개신교인이 오로지 교회 안에서만 구원을 찾으려 하는 것처럼 불교인도 그가 아는 불교 안에서만 깨달음을 구하려 하는 이가 있다. 그래서 유마 김일수도 그 당시에는 교회 안에만 하나님이 존재한다고 철석같이 믿었다.

하지만 페니실린 쇼크로 일찍이 죽음을 맛본 그는 더 실체적인 하나님, 더 가까이 느낄 수 있는 하나님을 간절히 원했다. 마음속으로는 이 대명천지 밝은 세상에서 상상의 허상인 신神을 실재하는 것으로 무조건 믿으라는 요구가 부당하다고 느꼈는지 모른다. 그는 어쩌면 눈에 보이고 손으로 만질 수 있는 그런 하나님을 간절히 원했는지도 모른다. 실체가 아닌 허상으로는 그를 감동시킬 수 없었다고 보아진다. 기독교 신앙은 본디 따지고 묻고 토론하는 종교가 아니다. 그 점에서는 약점이 많다. 오로지 무조건 믿고 따르는 것이다.

하지만 늘 생사의 살얼음 경계를 밟고 서있던 그에게는 무조건적인 일방의 신앙생활은 무척 힘들었을 것이고 견뎌내기 어려웠을 것이다. 당연히 많은 의문을 가졌을 것이다. 어쩌면 그는 천부적으로 기독교인으로 살아가기 위해서는 치명적인 약점을 가졌다. 그의 사고가 순종적이 아니고 믿음을 앞세운 도그마에 고분고분하지 못하는 구조를 가졌기 때문이다. 수많은 의문을 가졌다. 도저히 수긍할 수 없는 본질적인 의문을 가졌다.

'도대체 왜 하나님일까?'

하나님의 존재에서부터 시작된 그의 의문은 그칠 새 없이 계속 이어졌다. 하지만 교회 안에서는 답이 없었다. 명쾌한 답이 있을 수 없었다. 그는 자신의 마음속에 있는 진리의 하나님을 의심한 것이 아니라 교회라는 테두리에 꼭 갇힌 하나님, 일부 목사들에 의해 잘못 규정된 하나님을 여지없이 의심했고 가차 없이 부정한 것이다.

그러다가 앞서 말한 대로 우연히 친구인 수보스님을 통해 불교책인 《대승기신론》을 접한 이후 그는 활연자각하여 불교세계로 온 몸을 던져 첨벙, 뛰어들었다.

하지만 그가 뛰어든 곳은 삼보三寶가 가지런히 바르게 자리한 곳이지 갖은 미신을 일삼거나 세속의 권세와 부를 잔뜩 움켜쥐고 있는 권력화되고 도식화되어 있는 기성의 불교 교단이 아니다. 그가 본 불교 교단은 어쩌면 개신교보다 훨씬 못한 집단이었다. 그가 일찍이 몸 담았던 개신교 교단은 우선 부지런하다. 빠짐없이 일요일마다 예배를 갖고 전도를 위해 죽기살기로 노력한다. 오히려 지나쳐 광신을 염려해야 한다. 그들은 결코 신앙생활을 취미생활 수준에 머물지 않게 한다. 어림도 없는 일이다. 그들은 자신의 신앙생활을 자기 목숨처럼 여긴다.

성직자들도 신선처럼 음풍농월로 살지 않는다. 현실적으로 성직자들의 생활과 교세가 맞물려서인지는 몰라도 엄청난 전도의 노력을 퍼붓고 있다.

이제는 바야흐로 한국을 넘어 세계로 향하고 있다. 한국의 신시대를 그들이 앞장서서 가고 있는지도 모른다는 생각마저 든다. 우리 역사 이래 가장 잘 산다는 오늘날 그들은 성경을 들고 세계를 누비고 있는 것이다.

거기에 비해 불교는 너무나 그렇지 못하다. 자신들의 믿음에 신념이 있는가, 없는가? 하는 의문마저 드는 집단이 불교 교단이다. 유마 김일수는 이런 생각을 가졌기에 기성 불교에 대해 우호적이지 않았다. 우호적이고 싶어도 도저히 우호적일 수 없었다.

그래서 그는 우선 불교교리를 인정사정없이 무자비하게 의심하고 파고들었다. 불교가 진리의 가르침인가? 진리라면 무엇이 진리인가? 부처님을 진리이신 부처님이라고 말들은 하고 있지만 과연 그렇게 말해도 합당한가? 이런 의문을 가진 채 진리성을 검증하기 위해 우선 부처님을 보편성과 타당성으로 따져보았다. 자기들끼리의 부처님이고 자기들끼리의 진리라면 묵계된 진리밖에 더 무엇이 있는가? 자기들끼리 잘먹고 잘사는 일 외에 무엇이 더 있는가? 하는 것에 초점을 맞추었다.

일찍이 붓다가 그러하고, 역대조사들이 그러했듯이 그는 날카로운 칼을 들고 불교교리에 들이댔다. 그렇게 추구해 가는 사이 차츰 부처님으로부터 지혜의 칼을 빌려 자신의 탐진치貪瞋癡를 도려내고, 욕락을 끊어내기 시작했다. 준엄하고 치열하게 자신에 대한 성찰의 정진을 거듭한 결과, 그는 드디어 그 자리를 보았다. 거기에 찬란하게 빛나는 그의 진리, 그의 내면, 바야흐로 그의 하나님을 보았던 것이다.

아이러니하게도 교회에서는 그토록 찾았던 하나님을 찾지 못하고, 상상도 못하던 절에서 그의 하나님을 비로소 만날 수 있었던 것이다. 그는 점점 불교세계로 깊이 깊이 빠져 들어갔다. 더 큰 하나님을 만나기 위한 잠수였다. 그가 부처님을 온몸으로 맞아들인 시기를 서른다섯 살 무렵이었다고 스스로 회고한다.

"나는 서른다섯 즈음에 비로소 절에 가면 남들처럼 절을 할 수 있었다. 그때까지만 해도 개신교의 습관이 배어 있어서 절을 한다는 것이 쉽지 않았다. 나는 아직도 처음 불상 앞에서 절했을 때의 그 망설임과 두근거림이 기억난다. 그때부터 나는 초상집에 가면 망자에게 무릎 꿇어서 큰절을 할 수도 있었다. 나도 큰절을 할 줄 아는 전통적인 한국 사람이 되었고 비로소 한국 사람의 후손으로 돌아갔던 것이다."

두 아들과 행복한 시간을 보내는 유마 김일수

 이렇게 발심이 솟구친 그는 인터넷 사이트 토론공간에 뛰어들어가 한동안 종교토론을 하거나 불교교리에 대한 글을 싣기 시작했다. 그러다가 혹시 다른 종교에 피해를 주면 안 된다는 생각이 들어 〈유마와 수자타의 대화〉란 이름으로 독자적인 사이트(http://cafe.daum.net/yumawasuzata)를 마련하고 본격적으로 불교이론을 탐구하고, 토론하고, 교리문답하는 자리를 마련했다. 유마는 물론 김일수 자신이고, 수자타는 그의 아버지일 수도 있고, 교리를 묻는 네티즌일 수도 있고, 혹은 끈질기게 질문을 해댄 '굽 낮은 빨간 구두'를 신은 한 여학생일 수도 있다.

이런 그의 모든 기록이 고스란히 남아 책으로 정리되었다. 다행한 일이다.

그는 평소에 《반야심경》을 반복해 읽기를 좋아했다. 그에게는 《반야심경》이 화두였다. 그리고 염불을 중시해서 몇 시간이고 집중하는 경우가 잦았다. 집에서 가까운 의왕 청계사를 자주 찾아가 기도를 했다. 집에서도 저녁마다 경전을 읽고 기도와 참선을 잊지 않았다. 보는 이들이 혀를 내두를 정도로 한 번 시작하면 집중력이 대단했다. 바로 그의 용맹정진이다. 용맹정진은 억지로 하는 것이거나 밀어붙이기 식으로 버티는 것이 아니라 집중이나 삼매가 주는 힘으로 끊임없이 이어가는 공부상태다. 이것은 불교공부에 기초가 없이는 흉내조차 어렵기에 일반인들은 대단하게 생각한다. 아무튼 그가 한창 불교에 심취해 있던 1997년에 이런 기록이 있다.

"적어도 다음 네 분은 이 사바세계에 노니신다.
문수보살, 보현보살, 관세음보살, 지장보살.
비록 선지식이 없는 말법시대이지만 이러한 대성인을 무려 네 분씩이나 모시면서 깨달음을 얻어내지 못한다면 매우 부끄러운 일이다. 하물며 뒤로 물러섬인가!"

친구들은 말한다. 그는 불교 옷을 입었지만 마음은 하나님을

향해 있었다고……. 본인도 그렇게 말했다. 하나님을 찾아 헤
맸는데 교회에서는 하나님이 보이지 않더니 불교에 들어와 보
니 하나님이 뚜렷해지더라는 것이다.

하지만 그를 낳은 어머니는 지옥고 같은 고통을 맛보아야만
했다. 애지중지 교회에 데리고 다니던 아들이 하필 지옥에 갈
미신이나 믿고 있다니 애가 탔다. 어머니는 아들을 볼 때마다
매달려 호소하고, 새벽교회에 가서 아들을 위해 미친 듯이 기도
했다. 귀신 잡귀를 믿는 불교를 어서 버리고 교회에 나가 하나
님의 참다운 말씀으로 구원받게 해달라는 간절한 내용이었다.

수보스님의 이야기다.

"어느 날 일수가 그러는 거야. 진주야! 내 속명이 '방진주'라
서 이 녀석은 둘이 있을 때는 수보스님이라고 부르질 않아. 왜,
하고 대답하니, 너 백혈병이란 병 아니? 이렇게 물어. 그래, 그
거 연속극에 잘 나오는 거 아니야. 그러니까, 그거 걸리면 어떻
게 될까, 이렇게 또 물어. 야, 임마! 죽는 거지, 뭐 있어. 난 그랬
지. 그러고 말았어. 내가 이놈하고 제일 친한 친군데, 이놈이 일
찍부터 백혈병에 걸렸는데, 나한테까지 말하지 않은 거야. 나한
테 말하면 내가 제 어머니한테 말할 게 틀림없으니까 말 안 한
거야. 그러니까 일수 부인도 그놈이 어느 날 갑자기 급성백혈병
에 걸려 보름만에 죽은 줄로만 아는 거야. 그토록 오랫동안 병

고향 제주도에서 아내와 함께

을 안고 산 줄은 까맣게 모르는 거야."

그는 아무도 모르게 비밀리에 큰 병을 앓았다. 죽기까지 자신을 괴롭힌 병마를 원망하지 않으며 스스로 참회하고 염불하고 공부하며 극복하고자 했을 뿐 어머니, 아내, 자식들이 알지 못하게 했다. 그러고는 2002년 12월 13일, 죽음을 약 8일 남겨둔 즈음에 마지막 발원문을 적었다.

발원문의 마지막 부분이다.

몸은 쓰러지나 마음은 아닐 것이며, 이 마음 잠시 몸 따라 혼란스러우나 끝끝내는 아니오리다.

　아, 제행은 무상하다. 이 몸은 반드시 쓰러진다.

　제법은 무아이다. 쓰러지는 것은 '나'가 아니다.

　이것을 모르면 괴로움이다. 나는 이것을 알므로, 몸의 고통은 있을지언정 괴로움은 없으리.

　목숨을 마친다 해도 마음은 마치지 않아.

　이 목숨 내 것이라 바득바득 우기며 살아온 지난 날, 부처님 아니 만났으면 내 어찌 나를 구제했으랴!

　홀로 가는 이 길에 남은 이들 눈물 보니, 차마 발길 떨어지지 않네.

　내 반드시 가지가지 신통으로 그대들 곁에 머물러 바람으로 불어 그대들 보리심을 들려줄 것이며, 아지랑이로 피어나며 환화같은 이치를 설해 줄 것이며, 달빛으로 새어나와 그대들 염불을 도우리라.

　정진하라. 정진하라. 불자여 정진하라. 용맹정진하라.

　모진 병과 죽음이 코앞에서 숨을 헤아리며 기다릴지라도, 불자여 정진하라. 물러서지 않음은 불자의 징표이다.

일수는 하나님을 믿지 않고 도중에 부처를 믿다가 벌을 받았다

하지만 그에게도 정해진 시간, 수명이란 게 있었다. 2002년

10월 말쯤 감기가 든 듯한데 잘 낫지 않는다고 걱정했다. 열이 39도 가까이 올라갔다. 감기가 아닌가, 라고 했지만 진단결과는 전혀 달랐다. 백혈병이었다. 그는 진즉에 자신의 병을 알고 있었겠지만 짐짓 감기인 척하면서 주위를 달랬던 것이리라. 안타깝다. 그의 마음을 헤아리니 서럽다.

병원에 입원한 그는 평소 그토록 뵙고 싶어하던 숭산스님을 하필 생사의 징검다리를 밟은 그 상태에서 가까스로 뵐 수 있었다. 원래 고향 친구인 수보스님이 화계사 숭산스님이 참 훌륭하니 꼭 뵈라는 얘기를 해서 혼자 화계사를 찾아가곤 했는데 그때마다 스님을 뵙지 못했던 것이다. 그 괴로움을 적은 글이 있다.

선지식 없는 외로움!
이 외로움으로 한밤중에 일어나 몸을 추스르며 소리 없는 절규로 눈물 흘리네.
아아! 스승 없음이여. 스승 없음이여. 내 목숨을 앗아갈 스승 없음이여……!
그 옛날, 저 영축회상에서 인천人天을 위해 법화法華의 법을 설하시던 석가모니 붓다께 나의 스승됨을 청원하여 보건만, 두터워라! 이 업장業障, 꿈에도 나타나지 않으시는구나. 하염없이 흘리는 눈물, 다만 이 선지식 없는 외로움에…….

요즘 어떤 때에는 목각으로 동무를 하나 조각해서라도 같이 염불도 하고 좌선도 하고 싶은 생각이 부쩍 든다. 그러니 그것이 바로 불상인 것 같기도 하다.

이처럼 늘 선지식을 만나지 못한 걸 아쉬워하고 스승 없이 혼자 공부해야 하는 자신의 처지를 안타까워하던 그는 하필 목숨이 다하는 순간인 2002년 12월 15일, 즉 사망 6일 전에야 그가 그토록 바라고 바라던 선지식을 만나게 된 것이다. 희유한 인연이다. 평소 좋은 스승 만나기를 바랐는데 야속하게도 이런 순간에 이루어진 것이다. 이때의 기록을 그가 남겼다.

병원 응급실 베드에서 숭산스님을 만났다. 심장이 안 좋으신 모양이다. 병원바닥이지만 엎드려 큰절을 올렸다. 그러나 도저히 기력이 없어 삼배를 할 수 없었다. 겨우 일 배를 한 뒤 내가 여쭈었다.

유마 : 스님, 이제 남은 시간이 얼마인지 잘 모르겠지만 마음을 어떻게 요긴하게 써야 합니까?

숭산 : 다 내려놓아. 방하착이야. 불생불멸의 이치가 거기에 있어.

유마 : 스님, 마음은 내려놓지만 몸은 잘 내려놔지지가 않습니다.

숭산 : 그래? 마음은 잘 내려놓았다는 말이지? 그럼 말해 봐.

　　　　마음은 있어, 없어?
　유마 : ……?
　숭산 : 바로 그것이야. 오직 모를 뿐이야.

　그는 여기까지 쓰다가 "아, 현기증이 나서 더 이상 쓸 수가……"라는 말로 맺고 있다. 이것이 12월 15일이다. 대신 그 자리에 동석했던 조카더러 숭산스님과 만난 이야기를 더 자세히 적어 카페 회원들에게 알리라고 부탁해서 그 조카가 뒷 이야기를 조금 더 적었다.

　유마 : (뭔가 교조적인 질문을 하자) ……
　숭산 : 너처럼 자꾸 머리를 쓰려고 하는 것이 문제야. 오직 모를 뿐이야, 그것에만 집중해.
　유마 : (잠시 침묵 후) 스님, 불생불멸하는 것이 몸을 말하는 것은 아닐 테지요?
　숭산 : 그럼, 몸이 아니지, 그럼.
　유마 : 마음이 정해지지 않을 때는 어떻게 하면 소용이 될까요? 염불도 괜찮을까요?
　숭산 : 염불도 괜찮지. '나무아미타불'이라고 하면 좋아.

　숭산스님을 친견한 후 유마는 어린애처럼 들떠 조카에게 자랑을 했다.

"병원 로비 벤치에 숭산스님과 나란히 앉았거든. 스님도 심장 수술을 받고 치료중인 모양이야. 손에 링거를 꽂고 계셨어. 그래서 그 손을 가만히 잡아드렸지. 그러니까 스님도 링거 없는 다른 손을 조용히 내 손위에 포개시는 거야."

그러고서 일주일 뒤인 12월 21일이 되었다. 백혈병은 두통이 엄청나다. 헤모글로빈이 없어 결국 산소부족 현상에 시달려야 한다. 얼굴이 백짓장처럼 창백해진다. 마지막 날, 그는 화장실에 가고 싶다고 하여 몸을 수건으로 말끔히 닦고 이를 닦았다. 그러고서 침대로 돌아온 지 30여 분만에 의식을 놓았고, 그 길로 그는 다시 돌아올 수 없는 저승으로 가고 말았다. 아니 병이 따라가지 못하는 적정의 세계에 들었다.

그가 병원에서 의식을 놓기 전 간절한 마음으로 어머니에게 드린 글이 있다. 그는 평생 어머니가 종교적인 신념 때문에 고민하고 걱정한다는 사실에 큰 부담을 지고 있었다. 딸을 내리 낳다가 가까스로 얻은 귀하디귀한 아들이 개신교를 버리고 마귀의 소굴인 불교로 귀의했다니, 평생 교회에 자신의 전 인생을 바쳐온 그의 어머니로서는 도저히 받아들일 수 없는 너무나 끔찍한 일이었다. 그래서 유마 김일수는 그런 어머니를 위해

생신 때면 일부러 찾아가 찬송가를 불러드리기도 했다. 어머니를 위해서라면 얼마든지 찬송가를 부르고, 성경을 읽어줄 수도 있었다. 그러나 어머니가 개신교라는 틀에 갇혀 진실을 보지 못한다고 생각할 때마다 그는 억장이 무너지는 걸 느꼈다.

아래의 글을 보면 그가 유마였음을 확실히 알 수 있다. 이 글은 숭산스님을 뵙고 나서 쓴 글인 듯하다. 제목이 '정신을 놓기 전에'다. 실제로 이 글을 쓴 다음 그는 다시 숭산스님을 만난 인연을 적다가 끝내 다 적지 못했다.

정신을 놓기 전에 할 말을 해둬야겠다.

내가 이대로 가면 형제들은 물론 홀로 언제나 나를 지지해 주시고 인연의 끈을 놓지 않으신 나의 어머니마저 반드시 다음과 같은 견해를 지을 것이다.

'보라, 일수는 하나님을 믿지 않고 도중에 부처를 믿다가 벌을 받아 회개하지 않는 자에 대한 하나님의 심판이 어떤 것인가를 겪고 말았다. 생사화복을 주관하시는 하나님에 더하는 존재는 없다. 부처란 다만 우상에 불과하여 믿으면 이렇게 벌을 받는 것이다.'

어머니, 그리고 형제들이시여.

제가 비록 부처님의 도를 사모하여 이 길을 왔으나 하나님의 법을 비방하여 도려낸 적이 없고 가로막은 적도 없습니다. 드문드문

하나님의 법 가운데 어지신 하나님의 법이 아님이 분명한 것에 대해서만 가로로 세로로 재어 온전히 드러나게 했을 뿐입니다.

사람의 목숨은 길고 짧음이 스스로의 업보에 기인하는 것입니다. 저는 아마도 지난 생애와 또 확실히는 금생에 많은 살생의 업을 뜻과 말과 몸으로 지었기에 지금 스스로의 목숨으로 갚는 것일 뿐입니다. 내가 만일 부처를 믿어 화를 만나 이리 된 것이라면 어찌하여 교통사고나 절벽에서 떨어지거나 지붕이 무너져서 목숨을 잃지 않는 것입니까?

어머니는 아셔야 합니다.

저에게는 단 하나의 여인입니다.

나에게 어머니는 성모이십니다.

그런데 어머니가 낳은 성자는 누구입니까? 어머니가 낳으신 성자는 바로 (주님에 대한) 어머니의 믿음이십니다. 그런 거룩한 성자를 낳으신 몸으로 다른 거룩한 분을 비방해서는 안 될 것입니다.

어머니마저 이 아들의 죽음을 그렇게 여기신다면 저는 이 세상에서 누가 나를 진정으로 지지하고 끝까지 저의 편이 되어 준다고 생각해야 합니까? 아버지도 가시고 없는데……

어머니, 부디 그러한 견해를 짓지 마소서. 다른 형제들에게도 그런 견해를 짓지 말도록 권면해 주세요. 부탁입니다. 저는 어머니의 아들이지 않습니까? 이 어린 아들이 떼를 쓰는데도 기

어코 부처님을 비방하실 것입니까?

5 유마의 참뜻

어머니, 나의 어머니. 이 아들은 어머니만 믿고 갑니다.

이제 그는 갔지만 글들을 남겨주었다. 그의 글들은 어느 개신교인이 불교로 개종한 신앙전향서가 아니다. 무슨 잘못을 저지른 사람이 죄를 뉘우치는 자기고백서가 아니다. 만일 불교인 누군가가 나서서 이 책을 근거로 기독교를 비방한다면 유마 김일수를 왜곡하는 것이고 비방하는 것이요, 나아가 부처님을 모독하는 것이다. 이 책은 기독교와 하등 관련이 없다. 하물며 하나님과 예수님의 권능은 하나도 다치지 않게 했다.

그러므로 불교인이라고 해서 이 책을 읽고 우쭐해서도 안 된다. 그는 다만 스스로 지은 업으로 인해 교회에서 보지 못한 하나님을 불교에서 보았을 뿐이다. 그리고 오늘의 일부 한국 기독교계는 저 유대인들처럼 하나님을 온갖 틀을 만들어 꽁꽁 가두었다고 고발한다. 이제 유대인들이 믿었던 하나님을 더 이상 믿지 말고 예수님이 믿었던 하나님을 믿어야 한다고 힘주어 말하고 있다. 그러므로 그는 기독교를 버린 적이 없다. 기독교의 잘못된 점을 버렸을 뿐 하나님을 버린 적이 없다. 물론 그가 불교에 귀의한 이후의 기독교, 하나님, 예수님의 정의는 이전의 정의와는 사뭇 다를 것이다.

유마 김일수는 종교적 귀순자가 아니라 치열한 구도자였고 수행자였다. 그 같은 열정을 불교인들이 얼마나 갖고 있으며, 그가 탐구했던 그 정신을, 그 용맹을 과연 우리들 자신에게서 찾을 수 있는지 깊이 반성해야 한다. 그가 말하기를 기독교를 비난한 적이 없고, 다만 기독교 안에서 틀린 걸 틀렸다고 말한 것밖에 없다고 했다. 그러면서 불교에서 틀린 것도 과감히 지적했다. 복 받을 선행은 하지 않으면서 복 받으려고 기복하는 것에 대해, 깊은 성찰 없이 육단심으로 절이나 해대면서 아상을 강화하는 것에 대해 그는 글을 통해 무섭게 추궁하고 나무라고 있다. 그는 불교계에 따끔하게 일침을 가해 이렇게 지적하기도 했다.

친구가 말하기를, (어느 절에서) 네팔에서 국보로 모셔져 있던 불상을 모셔왔는데 천일기도 정진 중 부처님 옆구리에서 꽃이 4송이 피어서 전국적으로 큰 화제가 되었다고 했다.
내가 말했다.
"산사를 향하는 그 순간에도 죽음의 마왕은 어김없이 내 코를 향해 다가오고 있는데, 너는 어찌하겠느냐? 너무 그렇게 신통한 곳만을 찾아다니며 좋아하다가는 신통이 곧 부처님인 줄 잘

못 알지 않을까 심히 걱정이다.

　부처님 말씀에 삼천대천세계에 가득한 부처님을 다 찾아다니며 공양한다 해도 가만히 앉아 짧은 순간이나마 마음을 밝히는 것보다 못하다고 했으니, 이 몸이 곧 법당이요, 이 마음은 부처님이고, 계율 지킴은 스님이며, 믿음은 청정한 신도이니 부디 너무 멀리서 찾지 마라."

불교에도 도려내고 닦고 개선해야 할 점이 너무 많다는 걸 그는 잘 알고 그때그때 말했다. 그러니 불자라면 누구도 우쭐하지 말고 정진해야 한다는 것이다. 그것이 유마 김일수가 이 세상에 다녀간 의미다.
　만약 우리 불교가 어딘가 녹슬고 왜곡되지 않았다면 어찌 부처님과 보살들이 저 때의 유마〔김일수〕를 이 시대로 다시 보냈겠는가. 그러나 녹은 녹이요, 때는 때일 뿐이다. 저 텅 빈 허공에는 녹과 때가 없다. 그래서 그가 유언으로 말하기를 "불자여, 정진하고 또 정진하라!"고 간곡히 당부했다.

　그는 불법 인연으로 둘도 없이 친한 한의사 강병기 교수에게 "이 세상에서 아무리 가도 또 가고 싶은 곳은 인도"라고 고백했다. 그의 인도에 대한 시리즈 본문의 글을 보면 절실하다. 그가 인도와 정신적으로 깊은 교감을 맺고 있다는 것을 말해 주고 있다. 그렇다면 그는 무엇을 위해 저 때의 인도를 떠나 이 시대 우리 한국에 왔을까?

왜! 왜?

미망의 혼돈 속에 바른 법을 세우기 위해서 생사의 노고를 마다하지 않고 온갖 역할로 울며불며 왔을 것이다.

이제 우린 그가 남긴 책을 거울 삼아 가던 길을 더 똑바로 더 부지런히 가도록 해야 한다. 특히 혼자 가지 말고, 끼리끼리만 가지 말고 모두 함께 가야 한다. 불교는 절대로 혼자서 가면 안 된다. 혼자 가는 길은 바로 지옥으로 가는 길이다. 그리고 바른 법은 혼자 가면 모른다. 모두 함께 가야 바른 법이 살아난다. 연기가 살아난다. 보살도가 살아난다. 공동체가 살아난다. 이 시대 불자들은 이 점을 똑똑하게 알아야 한다.

함께 가는 연기의 길은 바른 법이다. 바른 법을 살리기 위해 함께 가기 위해 즉시 대한민국의 모든 절마다 매주 법회를 열어야 한다. 이것이 바로 바른 법을 살리고 사람을 살리며 종단을 살리고 나라와 세계를 살리는 길이다. 대각구국구세大覺救國救世다. 부처님은 법이다. 법이신 부처님의 전당에서 과연 무엇을 할 것인가? 통찰痛察이 필요하다. 지금의 망발처럼 앞으로도 절간에서 춤추고 노래하는 것으로 책무를 삼을 것인가? 아아, 대오각성해야 하리라. 더 늦기 전에 각성해야 하리라. 한국불교는 크게 크게 대오각성해야 하리라. 더 늦기 전에……

붓다가 곧 깨달으신 분이니 그 분의 제자인 내가 가는 길은 항상 무조건 바르다는 고집어린 견해를 짓지 말아야 한다. 아무리 부처님 제자라고 해도 자신을 돌아보는 정진이 없으면 소용없는 일이다. 함께 모여 부처님 법의 거울로 자신을 돌아봐야 한다. 바로 불자들의 정기법회 동참이다. 마찬가지로 그의 책은 진리가 아니다. 그가 늘 말했듯이 진리를 가리키는 그의 손가락일 뿐이다. 그와 대중을 비추는 거울일 뿐이다. 행은 철저하게 각자의 몫이다.

붓다가 열반에 들기에 앞서 제자들에게 '내게 의지하지 말고 법法에 의지하라'고 간절하게 말씀하셨다. 그렇듯이 유마 김일수도 두 아들에게 이런 글을 남기고 있다.

"내 아들 승해야, 승인아! 너희는 내 아들이 아니라 법法의 아들이니, 마땅히 도道를 구할지언정 나의 육신된 상속을 구하지 말아야 한다."

추천사 2 ·

동서의 만남과 교훈

  이 책의 원고를 보고 저는 몇 번이나 놀랐습니다.
  첫 번째 놀람은 '유마와 수자타의 대화'라는 제목 때문이었습니다. '유마'는 흔히 유마거사라고 불리며, 대승경전인 『유마경』을 통해, 부처님의 10대 제자들마저도 수행의 깊이에서 그를 따라가지 못했다고 하는 대단한 인물로 묘사되어 등장하는 분입니다. '수자타'는 고행자 싯다르타 보살에게 우유를 공양한 선여인善女人입니다. 그러니 이 두 사람을 대화의 주인공으로 설정할 수 있는 것 자체가 무척 흥미로워 놀랐던 것입니다.
  두 번째 놀람은, 이 책이 가진 '대화'라는 형식입니다. 마치 소크라테스의 『대화록』과 불교의 『밀린다왕문경』을 연상케 하기 때문입니다. 소크라테스는 다 잘 아는 바이고, 밀린다왕은

B.C. 2세기 경 인도대륙 서북부를 다스렸던 그리스의 왕 메난드로스를 말하며, 상대는 당대의 고승인 나가세나 스님이었습니다. 이 『밀린다왕문경』은 왕과 스님사이의 문답형식의 대화집으로 불교교리를 서구적 시각과 논리로 잘 꾸몄습니다.

또 이와 비슷한 형식의 논쟁은 '파아나두라 대논쟁'이 있습니다. 1873년에 스리랑카 파아나두라에서 1만 명이 넘는 군중이 모인 가운데에서 행해진, 불교와 기독교의 공개적인 종교토론의 논쟁이었습니다. 이처럼 『유마와 수자타의 대화』역시 같은 형식으로 정밀하게 꾸며져 있음에 적이 놀랐던 것입니다.

마지막으로 큰 놀람은 그 내용에 있습니다.

독실한 개신교 가정에서 자라 불교는 한갓 우상으로 여기다가, 어느 날 우연히 『대승기신론』을 만났고, 그로부터 거의 독학하다시피 불교를 공부한 분께서 썼다고는 믿기 어려울 정도로 불교에 대한 이해와 표현의 정확함은 저를 놀라게 하기에 너무나 충분했습니다.

불교나 기독교(基督敎 : 천주교·개신교·정교회·성공회 등) 모두, 유마님의 말씀처럼, 현재 본질과는 상당한 거리에 있는 오류의 논리를 현실화하고 있는 것은 주지의 사실입니다. 불교는 부처님 깨달음의 세계를 구현하고자 노력하기는커녕 자기 앞가림도 못하고 있는 듯한 실정입니다. 사회적으로 부처님의 자비와

실질적 도움이 필요한 이들에게 기독교(천주교와 개신교)에 비하면 통계를 낼 수 없을 정도로 무관심하거나 미미합니다. 그러한 면에서 불교는 기독교의 열렬한 신앙과 희생어린 봉사정신을 마땅히 본받아야할 것입니다. 유마님은 이 책에서 불교의 실천적 측면을 강조하였습니다.

 기독교 역시 불교에 배울 점이 많습니다. 신학적 기반이 취약하여 오직 '믿음'으로 모든 문제를 해결하려는 경향은 과학적이고 논리적 사고를 지향해야 하는 미래의 기독교를 위해 극복해야 할 중요한 과제라고 유마님은 언급하고 있습니다. 이 두 가지에 대해서는 글을 쓰신 유마님이 적절한 문제의식을 쌍방에 안겨준 것이라고 봅니다. 이런 점에서 『유마와 수자타의 대화』시리즈는 참으로 보기 드문 역작임에 틀림없습니다. 끝으로 이 시리즈가 한국종교사에 큰 발자취가 되길 기대합니다.

석성법 합장
불교경전총론(www.sejon.or.kr) 운영자

추천사 3 ·

유마님과의 인연

　인간이 축생과 다른 점은 자신의 마음을 정화하기 위해 자신을 돌아볼 줄 아는 지혜를 가지고 있다는 점일 것입니다. 또 이 세상에 다녀가는 모든 생물과 온갖 만물에 의미를 부여하고 그 의미에 따른 절차를 하나하나 존중하고 살피면서 자신의 거울로 삼아 수양한다는 점입니다.
　여기, 『유마와 수자타의 대화』라는 시리즈(4권)의 글을 남긴 고 김일수 님은 독실한 개신교 집안에서 자라서 우연히 전혀 다른 종교인 불교를 만나 깊이 공부하고 연구하게 되었습니다. 지금 그 분은 이 승의 끈을 놓고 사바를 떠났으나 이 글들을 읽다보면 참으로 불교에 대한 성찰이 깊고 넓으매 놀라움을 금할 수가 없습니다. 그 분이 접한 불교의 유식학이나 기신론, 원효

스님에 대한 이해와 통찰은 사뭇 깊습니다. 그리고 독자 여러분들도 쉽게 공감을 얻을 수 있을 만큼 논리적으로 잘 짜여져 있습니다. 읽을수록 묘미가 있습니다.

유마 김일수 님은 비록 짧은 생애를 살다 가셨지만 그 지혜로움은 이 책과 더불어 영원하리라 생각합니다. 그 분은 세속의 친구이며 출가자인 소납이 주석하고 있는 이곳 광명사에 와서 『대승기신론』을 만나게 된 것입니다. 그 한 권의 책으로 말미암아 벗 김일수 님은 새로운 세상을 만나게 되었고, 그 증거가 바로 이 책, 『유마와 수자타의 대화』 시리즈 4권입니다.

아무쪼록 많은 분들이 이 책을 읽으시어 크나큰 깨달음을 성취하시기 바라며, 또한 읽는 분들마다 모두 부처님 지혜 자비의 은혜가 함께 하시기를 기원합니다. 감사합니다.

석수보 합장
제주도 서귀포시 중문 광명사 주지

유마의 자변自辯 2

수행일기로 자신의 마음을 드러내자

글을 쓰면,
마음이 정리가 됩니다.
남들에게 쓰기보다 자기 자신에게 쓸수록…….

글을 올리면,
마음의 순간 포착이 아주 잠깐 됩니다.
남들의 마음이 아닌 자기의 마음이…….

명상 중이거나 사색중이거나 연구 중에서 얻어지는 것들을
글로 옮겨 놓으면 퇴보하거나 퇴타심退墮心이 날 때에 도움이
됩니다.
아무리 단순한 것일지라도 나의 글은 다른 누가 아닌,
바로 나에게 도움이 됩니다. 일기를 쓰는 까닭입니다.
그것도 수행일기를…….

다만 기억을 보존하기 위해서라면 메모로도 족한 것을,
군이 이렇게 글로 옮기는 것은 바로 번뜩이는 사유를
잠시라도 붙들어 두기 위한 몸부림이라고 해 본다면
수행일기를 쓰는 이유가 된다고 말하고 싶군요.

아, 여러분은 자기의 마음을 감추고 싶어 하는군요.
백일하에 드러내 놓기가 부끄러우신가요?
그렇다면 법다운 참회는 영영 못합니다.
참회가 없이는 일겁을 무릎으로 기어가며,
"나모아미타불" 한다 하여도 잇찬티카의 몸을 벗어나지 못
합니다.

당신의 마음에 부끄러움이 보배처럼 묻혀 있어서는 안 될 것
입니다.
드러냄을 부끄러워하여서는 더욱 안 될 것입니다.
불자佛子는 저 수행선상에 있을 때에는 이미 알몸입니다.
세속인들이 때때로 사우나탕에 가서 알몸을 드러내듯이
불자는 수행선상에 올라서면 그 순간!
승복도,
발우도,
속옷도,

다 벗어버리고 알몸으로 말갛게 서 있어야 합니다.
드러내 놓지 않으면 결코 법다운 참회가 아니기 때문입니다.
다 아시지요.

부끄러움을 더 이상 보배처럼 끌어안지 맙시다.
당신이 만일 나의 부끄러움을 자비롭게 보아주지 않는다면
나는 용기를 잃어 부끄러움이 보배처럼 내 맘속에 깊이 묻혀 버릴 것입니다.
부끄러움은 빛 없는 사리〔無用之物 - 장애〕가 되어 내 몸과 마음을 딱 막아 버릴 것입니다.

정녕 부끄러워한다면 부끄러움을 모두 드러내 놓아야 할 것입니다.
이것이 진정 부끄러움을 부끄럽게 여기는 올바른 수행의 태도이고 삶의 자세입니다.
당신의 부끄러움은 나에게 중중무진 제망찰해重重無盡帝網刹海의 거울이 될 것입니다.
그러니 왜 나의 수행을 돕지 않겠습니까? 큰 도움이 되지 않겠습니까?

이런데도 당신은 부끄러움을 깊이 감추어 영영 어둠에 갇히

렵니까?

  끝없는 어둠의 노예가 되어 저 굴종의 자식들처럼 되렵니까?

  죄인을 자처하여 법왕자가 아닌 한갓 피조물이 되렵니까?

  당신은 정녕 홀로의 깨달음을 좋아하는 어리석은 이입니까?

  불교는 신선이 되고 벽지불이 되는 가르침이 아닙니다. 그러므로,

  불자佛子는 수행일기를 써서 자신을 드러냅니다.

  아아, 진실만이 불자의 생명입니다.

유마의 자변自辯 3

종終 · 終 · 終

  이제 돌이켜 보니 작년, 그러니까 2001년 5월 21일부터 쓰기 시작한 '유마와 수자타의 대화'와 '편상片想'이 벌써 일년이 된 셈이다. 난 그날그날 편두통에 기대어 생각나는 대로 끄적끄적 써 내려갔다. 그런 것이 이만큼 와 버렸다.

  사실 중얼중얼 씨부렁거린 이것을 누가 일부러 와서 하나하나 들춰보겠는가? 처음부터 나의 글을 본 사람이 아니면 아무도 일부로는 들춰보지 않을 것이다. 끄적인 양도 만만치 않게 되었을 뿐만 아니라, 내용 또한 문학적인 수사가 들어 있는 것도 아니어 지루하고 따분한 것이 분명할 터인데 일부로는 볼 일이 없을 것이다.

  나는 기독교[개신교]인이었다. 이른바 모태신앙이라고 하는데 어머니 태속에 있을 때부터 세례를 받고 믿어 왔다는 말이다. 우리 아이들 대까지 이어지고 있으니 4대째 꼬박 기독교를 신앙해 온 집안인 셈이다.

　우리 집은 3남 6녀의 대가족인데 아버지는 25세 때부터 시골 교회의 장노님이셨고 어머니는 권사님이시다. 초등학교 때부터, 아니 그 이전부터 아침마다 우리 집은 가정예배를 보았다. 아버지는 우리를 날마다 돌아가며 대표기도를 하게 하셨고, 그 덕분에 나는 한 때 성경을 다 암기하겠다고 창세기부터 시작하기도 했다. 그 때 아버지는 신약성경만 암기하라고 충고하셨고, 그 바람에 슬며시 뒤로 물러나 유야무야 없었던 일로 해버렸다. 그렇지만 기독교는 나의 성장과정에 말할 수 없이 큰 영향을 주었다.

　성가대와 교회학교와 학생회, 청년회, 등 각종의 교회기관에 주모(?)를 거치면서 매 해마다 보냈던 크리스마스와 부활절, 추수감사절 등의 추억은 그 무엇과도 바꿀 수 없는 소중한 추억들이다.

　우리집은 지금도 모이면 '예수·아멘' 아니면 얘기가 안 통한다. 모든 길은 로마로 뚫려 있다고 하듯이 우리집의 모든 이야기는 예수로 뚫려 있다. 이런 배경 속에서 내가 불교로 눈을 돌리게 된 것은 거의 기적이다. 기독교, 특히 개신교 계통에서 불교는 '우상숭배교', '귀신 믿는 교', '마귀사탄교' 등으로 인정사정없이 규정하고 규탄하는 것을 생각하면, 그것이 기적이 아니라고 말할 사람은 아마 거의 없을 것이다.

그렇다고 누가 나에게 일부러 찾아 와서 불교를 가르쳐 준 것도 아니요, 전법전도傳法傳道한 것도 아니요, 협박한 것도 아닌데, 순전히 우연히 또는 어쩌다가 '대승기신론大乘起信論'이라는 책 한 권 본 인연으로 나는 불교를 단번에 알아 봤던 것이다. 불교가 우상숭배교가 아니라는 사실을, 불교가 마귀사탄교가 아니라는 엄청난 사실을….

그리고 그 불교는 그동안 나를 가르쳐 온 개신교의 가르침에 정면으로 의문을 가지게 했다. 마치 북한 사람들이 남한을 가르치기를 거지들만 사는 곳이라고 가르친 것처럼, 개신교의 나에 대한 가르침이 그릇된 것임을 나로서는 의심하지 않을 수 없게 만들었다.

나는 '대승기신론〔이기영 역해(번역·해석)〕'을 내리 세 번을 읽었다. 눈도 떼지 않고 읽었다. 거기서 받은 큰 충격은, 불교의 미개성을, 기신론이 가진 논리의 허구성을, 기독교적인 유일사상으로 무장한 내가 찾아내리라고 무진 애를 썼지만, 끝끝내 나는 실패하고 말았다.

결론은 그렇다면 하나였다. 그동안 기독교가 나를 그릇 가르치고 있었다는 것이었다.(이 때의 경험으로 나는 지금 기독교〔천주교·개신교〕가 빨리 불교를 제대로 이해하고 가르치지 않는다면, 언제나 공산당의 그 세뇌의 가르침에 불과하다는 테두리〔주변〕적인 종교로 전락하고 말 것이라는 것을 예감한다. 장삿술에 이것이 저것보다 좋다 하는 것보다, 이것과 저것이 있는데 어느 것을 가질래 하는 것이 더 옳을 때가 많다.)

책〔대승기신론〕을 탁—! 하고 덮는 순간, 나는 차마 말할 수 없는 처참한 혼란에 빠져들었다. 그 때의 나의 혼란은 거의 위험 수준에 가까웠다. 나는 분명 악마의 유혹에 빠져든 것이라고 거듭거듭 자성하면서, 하나님을 예수님을 모질게 붙들고 찾았지만, 이미 그 책자 속의 반듯한 논지는 그런 하나님과 예수님을 모조리 없애버리고 지워 버린 후였다.

위험수준이라는 것은 바로 내가 혼란의 늪 속에 빠져서 미처 죽게 될지도 모른다는 것이었다. 그 때 나는 외진 과수원 방에서 혼자 하릴없이 밥만 간신히 먹고 있었다. 그러니 그 때부터 먹는 밥은 모조리 다 혼란의 에너지로 쏠려 들어가고 있었다. 밤마다 꿈을 꾸는데 교회 안에서 부처님과 하나님의 형상이 함께 나와 각각 나의 한 손씩을 잡고 당기면, 나는 갈기갈기 찢기는 고통에 식은땀을 줄줄 흘려야 했다. 하루 이틀의 일이 아니었다.(이때의 혹독한 경험으로 나는 지금도 예수 믿는 사람들한테 불교를 권유하지 않는다. 그가 겪을 극심한 그 혼란을 누가 책임질 것인가? 생각만 해도 두렵다.)

유감스럽게도 그 당시 이 문제에 관하여 고백하고 상의할 사람이 내 주변엔 단 한 사람도 없었다. 혼자서 두 손으로 머리를 감싸고 끙끙대면서 이 문제를 빨리 해결하지 않으면 곧 이 일

(?)로 그만 미치게 될지도 모른다고 긴장하는 날이 많아졌다. 나는 드디어 정면 돌파하기로 결심했다. 그 때부터 나는 닥치는 대로 불교서적을 탐독했다. 밤이나 낮이나 오로지 불교서적만 보았다. 나는 본래 만화책 말고는 책을 가까이 하는 고상한 인품이 아니다. 하지만 불교에 내가 모르는 뭔가 있다고 생각하고서는 그것을 단편적인 상식으로, 내 몸 어느 한 구석에 밀쳐놓기에는 충격이 너무 컸다.

독자들이여, 생각해 보시라!

불교의 '불佛' 자字도 모르는 사람이 서점을 기웃거리면서 접하게 될 그 무질서한 선택을, 그리고 그 무질서에서 오는 무정리된 것들의 집합을, 그 막막함을……. 게다가 불교의 역사적 전래과정에서 불가피하게 진행되었던 한문이라는 문자와 불교 자체의 난해한 어휘와 정밀한 논점들을─.

난 불교가 그렇게 이중·삼중·사중·오중……, 겹겹이 중중첩첩이 아스라히 둘러싸인 철옹성의 성곽 같은 것임을 몰랐다. 마치 처음 보는 남정네의 시선을 차단하려고 차도르를 두른 중동의 처녀처럼 그렇게 수줍어하는 종교일 줄은 전혀 몰랐었다. 그래서 확! 한번에 속 시원히 벗겨보려고 또 그렇게 할 수 있을 거라고 생각하여 돌진했다. 그렇지만 짝사랑하는 남자는 언제나 그녀 앞에선 실패한다. 그렇게 가까이 돌진할수록 안으로 들어갈수록 난 실패만 거듭했다.

그렇게 모질게 실패는 하고 있었지만, 거듭되는 실패 속에는 나도 모르는 사이 확신의 세포가 혼란 속에 빠져버려 미치광이가 될 뻔했던 그 상처를 메우고 있었다. '불교에 뭔가 있다'가 아니라, '불교에 모든 것이 있다'였다.

비로소 난 예수가 보였다. 하나님이 보였다. 교회가 보였고 믿음이 보였다. 기독교 안에서 오히려 보지 못하던, 그토록 보고 싶어 했던 귀중한 것들이 불교를 통하니 너무나 잘 보였다. 막힘이 없었다. 기독교의 성경이 기독교의 교리가 기독교의 믿음이 아무런 막힘없이 줄줄 설명되었고 흐르는 강물처럼 걸림 없이 이해되었다.

그것은 부정이 아니라 인정과 대 긍정이었으며, 그것은 폐하고 버림이 아니라 완전하여 원만함이었다. 나는 그 때부터 진정으로 내 일생 일대 최고의 책임을 가지고 부모님을 모시고 경건하게 교회에 가게 되었다. 그분들이 하는 일을 새롭게 알게 된 후, 이제부터 내가 어떻게 해야 될 것인가를 분명히 안 것이었다.

나는 차츰 기독교를 불교 안의 어느 한 법당으로 보게 되었고 알게 되었던 것이다. 사찰엘 가면 그렇지 않은가? 대웅전이 있고 지장보살을 모신 법당이 있고 관세음보살을 모신 법당이 있고 삼성각이 있고 나한전도 있고 대웅전 안에서도 과거7불의

탱화가 있고 화엄성중탱화도 있고 등등······, 불교도佛敎徒들은 매우 열심이기도 하여 절에 갈 때마다 그 각각에다 절을 따로따로 빠짐없이 다 올리지 않는가.

그와 같이 나는 기독교를 절 안의 어느 한 법당 쯤으로 보고 알게 되어, 그동안의 혼란과 갈등을 정리하고 수습하게 되었다는 말이다. 물론 이것은 전혀 내 개인적인 수습이므로 남들이 무턱대고 따라할 필요는 없다.(이런 거 잘못 따라하다간 자칫 헷가닥 하는 수가 있으니 매우 조심하시라!)

저 유마가 한다고 나도 한다 하다가는 유마가 구렁텅이에 빠지면 당신도 빠진다는 걸 항상 명심하여야 한다. 그리고 사람마다 체중이 다 달라서 나는 안 빠지는 것에 당신은 빠질 수가 있다는 것을 즉각 알아차려야 한다.

나는 서른다섯 쯤에 비로소 절엘 가면 남들처럼 절을 할 수가 있었다. 그 때까지만 해도 기독교의 습관이 배어 있어서 절을 한다는 것이 쉽지 않았다. 나는 아직도 처음 불상 앞에서 절을 했을 때의 그 망설임과 두근거림이 기억난다. 그 때부터 나는 초상집에 가면 망자에게 무릎 꿇어서 큰절을 할 수 있었다. 비로소 나도 큰절을 할 줄 아는 뿌리를 가진 한국 사람이 되었던 것이다.

'유마와 수자타의 대화'는 기독교인들이 불교를 바라보는 시각에는, 아주 지나친 경솔함과 얕음과 헛점이 있음을 지적한 것이다. 그 대부분은 나의 돌아가신 아버지와 휴가 때마다 제주도 집에 내려가서 담론한 내용들이다.

어떤 부분에선 나는 아버지의 신앙적 경륜을 다치게 하지 않으려고 무척 배려하기도 했지만, 결국 그런 시도는 부분적이었을 뿐 전체적으로는 실패했다. 아버지는 곳곳에서 말문이 막히시곤 했다.

나의 아버지!

비록 시골교회의 장로님이시라고 하여 보통 장로님으로 알면 큰 코 다친다. 목사님들조차 충분히 가르치고도 남을 만한 신앙경험과 성경에 대한 학문적 고찰이 매우 깊은 분이시었다. 이 점에 대해서는 아버지를 아는 분들은 아무 이의를 제기하지 않을 것이다. 국내의 성경학자들의 연구가 짧음을 한탄하시고 일본에서 원서를 구입하여 탐독하시는 아버지의 기독교에 대한 역사와 조명은 그 분의 신앙에 고스란히 녹아들었다.

우리의 지난 역사, 그 어려웠던 시절에 아버지는 아직 스물다섯 청년의 젊은 연세에 교회 장로직을 맡았다. 그리고 제주의 4·3사태라는 거대한 현대사의 좌우대립에서 어렵게 생존하시어 교회를 세웠다. 그 당시 교회 역시 분파적인 싸움으로 대립하며 동네를 시끄럽게 할 때, 한 동네 안에서 교회가 하나가 되지 못하여서야 어떻게 동네의 모범이 되겠느냐며, 교회를 통합하시는 녹녹치 않았을 작업을 감당하셨던 나의 아버지는,

그 후 우리 집안 모두에게 지금까지 신앙적 뿌리로 살아남아 계심을 우리 집에선 아무도 부인하지 못한다.

그런 아버지와 내가 휴가 때마다 나눴던 담론은 '유마와 수자타'의 입을 통하여 이 글에 고스란히 들어 있다. 말문이 막히실 때마다 매우 곤혹스러워하시던 아버지의 모습을 생각하니 지금도 그것이 일반적인 세간의 불효의 업에 들지는 않는지 걱정스럽다. 하지만 아버지는 처음 내가 불교에 빠져드는 것에 주의를 주고 훈계하셨지만, 나중에는 '불교에도 뭔가 있다고' 하는 평범한 기독교인으로서는 생각할 수 없는 전향적 평가를 내려주셨다.

돌아가시기 3개월 전이다. 그러니까 1993년 8월의 휴가 때였다. 그 때 나는 아버지로부터, 아버지가 돌아가시면 초상 치를 때 제주도에서 전통적으로 하는 짐승 잡는 일을 삼가하게 해 달라고 간청을 드렸는데, 아버지는 두 말 없이 흔쾌히 '그리하라'고 하셨다.

이 일(不殺生)로 나는 아버지에게 사후의 좋은 세계를 마련해 드리고 싶었다. 남을 죽이지 않겠다는 의지는 매우 좋게 쓰이게 될 것이 분명하기 때문이다.

이제 새삼 돌아가신 아버지가 보고 싶고 그립다. 계셨더라면 분명 이 '유마와 수자타의 대화'와 '문답', 그리고 '편상'을 읽어보시고 이 아들이 삿된 길을 택한 것이 아님을 아셨을 텐데……. 또한 그 많고 많은 기독교인들 중에서 오직 나의 아버지만 이 일을 이해하실 수 있었을 것이다. 누가 또 있겠는가? 누가 있어 이 거대한 일을 이해할 수 있었겠는가!

아아, 내 말을 가장 잘 알아들을 만한 단 한 분이 이미 가시고 이 세상에 없으니 외롭기 그지없다. (그 만큼 기독교인들의 사상은 위험하기 짝이 없다. 선민사상選民思想은 그 주체가 힘이 있을 때에는 남을 가해하고 -히틀러의 나치사상은 또 하나의 선민사상이었다. 그들이 힘을 가졌을 때에 어떻게 했는가?- 힘이 없을 때에는 순교를 가장하여 배째라(B.J.R) 한다.)

내 글('유마와 수자타의 대화'와 '편상片想'과 '문답')이 나오게 된 배경을 말하다 보니 너무 길어졌다. 마지막 말은 항상 좀 길어야 하나 보다. 어떤 이들은 짧게 잘만 하던데…….

"안녕!"이라고, 단박에―.

부처님의 마지막 말씀이 "정진하라!"이셨는데, 이 말씀은 소처럼 힘들게 살라는 말씀도 아니고, 개미처럼 부지런히 일만 하라는 뜻도 아니다. 다만 부지런히 쉬지 말고 지관止觀을 행하라는 뜻이다. 이것만이 사람세계에 태어난 이의 마지막 할 일이라는 뜻이다. 그럼 무엇을 멈추고(止) 무엇을 살필 것인가(觀)

는 스스로에게 물어 보아 그때그때 찾아서 해야 할 것이다. 여기에는 일률적으로 정하여진 법이 따로 없기 때문이다. 살생을 즐겨 하는 사람은 살생을 그쳐야 할 것이고 내지 훔치거나 사음하거나 거짓말하거나 술 마시는 사람은, 그런 짓을 딱 그쳐야 할 것이다. 이와 같이 좋지 못한 습관과 관습에 훈습(薰習:훈증되는 것)되는 것을 살펴 멈추는 것은 다 각자의 깨달음과 직접 연관되어(인연)있다. 인연이 없으면 부처님도 어쩔 수 없다고 하신 부처님의 고백을 불자들은 잘 상기하여야 한다.

지난 일 년, 참으로 잊지 못할 시간이다. 인연 있는 분들과 함께 한 그 일 년이 언젠가는 모두 다 한자리에 모여 정진하는 수행인연이 되리라 믿는다.
　요구르트를 마시며 자기 마음을 다 보여 주는 걸음마 아이에게, 녹차를 마시며 나의 마음을 보여주었더니 수줍어 도망간다. 그 아이를 바라보며…….

"나무 붓다!
나무 다르마!
나무 상가!"　　終.

간행후기

『유마와 수자타의 대화』 시리즈를 간행하며

1

이 시대의 선남자 유마거사와 선여인 수자타의 대화록인 『유마와 수자타의 대화』 시리즈는, 어여쁜 '수자타'의 상큼하고 진지한 물음과, 깊은 혜안을 가진 '유마'의 명료한 답변을 통해, 언어가 표현하는 한계를 뛰어넘어서 통찰의 근원에 이르게 하는 지혜의 책들입니다.

흐르는 물같이 막힘없는 답변과 적절한 비유를 통한 예리한 논법은 마치 『중론』과 『밀린다왕문경』을 연상케 하고, 그 처음부터 끝까지 무한한 감동으로 이어져 읽는 이로 하여금 일대사인연一大事因緣의 자리가 되게 합니다.

이 글에 등장하는 '유마'는 대승경전인 『유마경』을 설한 분이시고, '수자타'는 고행자 싯다르타 보살에게 우유를 공양한 여인으로, 불교 역사에서 상당히 중요한 역할을 한 주인공들입니다. 실제 인물인 유마〔故 김일수〕와 수자타〔한때 천주교인이었는데 불교에 귀의하여 유마께서 수자타란 이름을 지어 주었음〕와의 대화체로 된 이 글들은 주로, 개신교회의 목사이셨던 유마의 아버님과, 그 아들인 유마와의 대화에서 오갔던 내용들을 정리하여 인터넷(cafe. daum net)에 올렸던 것입니다.

2

 이 글이 처음 등장한 곳은 어느 종교 사이트의 토론방이었습니다. 처음 1~4편이 올려지는 동안, 문체의 유연함과 논리의 정밀함에 놀란 여러 종교의 논객들이 제대로 반론을 제기하지 못하고, 마냥 우두커니 바라보기만 했었지요. 그렇게 되자, 그 분〔유마〕은 혹시 다른 종교에 누를 끼칠까 저어하여 그곳에 더 이상 글을 올리지 않고 독립된 카페를 만들어 글을 올렸습니다.
 그렇게 올려진 글이 나중에는 무려 800쪽이나 되었습니다. 이렇게 탄생한 이 글은 그 분 자신이 밝혔듯, '누구에게 보여주기 위함' 이거나 '스스로를 드러내기 위함' 이 아니라, 오직 '자신에게 이야기하기 위함' 이었던 것입니다. 그러므로 자기성찰의 길에 나선 사람들에게 이 글은 더없이 좋은 길잡이가 되고 길동무〔道伴〕가 될 것입니다.

3

이 글을 쓴 김일수(인터넷 ID : 유마)님은 제주도 서귀포의 한 조그마한 시골마을에서 태어났습니다. 시와 음악은 물론 철학에도 남다른 재능을 타고났었지요. 하지만, 그분은 3대째 개신교 집안의 장남답게, 청소년기에는 1주일동안 방문을 걸어 잠그고 기도를 했을 정도로 예수와 성경만을 생각한 골수(정통)개신교인이었습니다. 그 무렵 그 분의 눈에 비쳤던 불교는 단지 우상을 숭배하는 하나의 집단일 뿐이었습니다.

그러던 어느 날 우연히 친구의 절(제주도 서귀포 중문 광명사)에 갔다가, 그 절의 서가에 꽂혀 있는 『대승기신론』 역본譯本을 읽게 되었는데, 그만 큰 충격을 받고 말았습니다. 무당의 큰집 쯤으로 여겼던 불교의 책에서, 성경을 몇 번이나 읽었어도 풀리지 않던 의문의 답이 있었으니까요. 눈을 떼지 않고 세 번이나 반복하여 읽었을 정도로 그 충격은 엄청났던 것입니다. 그랬으니 그 뒤에 그 분이 겪어야 할 갈등 또한 만만찮았음을 짐작할 수 있을 것입니다.

이 글 곳곳에 그 분의 처절했던 갈등이 묻어나고 있습니다. 읽는 분은 다 알게 되겠지만, 그 갈등은 단지 그 분 개인만의 것이 아닌, 이 시대 이 땅에서 살아가는 우리 모두의 것임을 공감하게 될 것입니다.

4

꽃은 떨어지기 전에 가장 많은 향기를 뿜는다고 했던가요. 그 분은 어렸을 때부터 몸이 허약했던 터라, 감기증상으로 병원에 입원한지 불과 10여 일 만인 2002년 12월 21일 급성 백혈병으로 안타깝게도 이승과 인연을 달리했습니다. 그러나 그 분 마음의 향기와 같은 이 글이 남았으니, 이를 어찌 우연의 일이라고만 하겠습니까?

하지만 선문禪門의 선지식들께서 불립문자不立文字를 세우신 것에 맞추어보면, 그분의 마음을 마주함과 같을 수야 있겠습니까. 이에, 아래와 같이 간절히 기원합니다.

"부디, 임께서는 새로운 몸을 입고 속히 사바세계에 오셔서 직접 법을 가르치시기를 삼가 간절히 기원합니다[速還娑婆 再明大事]."

5

2,600여 년 전, 저 인도의 '유마거사'와 '수자타'의 인연이 이제 김일수 님을 거쳐 우리에게 이르렀듯이, 그렇게 인연된 많은 분들의 요청으로 이 책을 다시 간행하게 되었습니다. 마침 유족들을 대표하여 유마님의 부인이신 이성진 님께서 책 내

는 일체의 일을 카페의 안영선 대표에게 맡긴다는 위임장을 써 주셨습니다.

때에, '(도서출판) 도피안사'를 설립하여 뜻 깊은 『광덕스님 시봉일기』 시리즈를 펴내고 있는 송암스님께서, 어느 날 조계사 앞에서 일을 보고 있는데 평소 잘 알던 후배이자 선객禪客인 보문스님을 우연히 만났고, 보문스님은 선배인 송암스님을 보자마자 이 책에 대해서 설명하며, 꼭 이 책을 송암스님이 다시 출판해야 한다고 간곡히 부탁하더랍니다. 어찌나 간곡히 청하던지, 송암스님은 그의 청에 못 이겨 "그러면 책이나 어디 한 번 봅시다"라고 답했고, 보문스님은 순천 송광사 선방으로 돌아가던 길로 바로 복사본을 보내왔더랍니다. 이러한 인연으로 카페 대표인 안영선 님이 안성 도피안사에 가서 송암스님을 만나 뵙고 책 간행에 대한 절차를 마쳤습니다.

이처럼 우리들과 인연을 맺게 된 송암스님께서는, 마치 고인과 이승에서 미처 다하지 못한 무슨 인연이 있는지 밤낮을 가리지 않고 이 원고에 매달렸습니다. 무려 4개월이었습니다. 결과 예상치 못한 전혀 새로운 모습의 시리즈로 엮었고(編), 문장이나 자구字句, 불교교학에 이르기까지 세밀하게 살펴(鑑)주셨습니다. 또한 비용과 노력, 시간을 아끼지 않고 총 4권의 시리즈로 엮어 내주셨습니다. 또 송암스님과 함께 안성 도피안사에서 수행하시는 김재영 교수님께서는 원고를 낱낱이 읽고 지도

해 주셨습니다.

  그리고 생전의 유마님은 부처님에 대한 신앙심이 사뭇 열렬하고 절절했습니다. 이 점을 간파한 편감編鑑이신 송암스님이 실크로드여행사의 이상원 대표님께 부탁을 하여, 인도불교성지의 사진을 차례로 실을 수 있도록 아이디어를 성사시켰습니다. 즉 사진으로 보는 부처님 일대기의 역할도 조금 하게 되었습니다. 또 사찰생태연구회의 김재일 회장님의 생명사진을 쓸 수 있었던 것도 다 불연이라고 생각합니다. 여러 일을 하시는 중에도 추천사를 써주신 스님들 한 분 한 분께 삼배를 올립니다. 바야흐로 이러한 인연들 덕분에 예상치 못한 놀라운 모습으로 이 시리즈가 세상에 그 모습을 드러내었습니다.

6

  이 모두 하나의 불사인연으로 움직이고 있었던 것입니다. 누구도 막지 못할 시절인연으로 성숙하여 출현한 것입니다. 그러나 저희들이 원고를 간추려 엮으면서도 배움이 일천하고 불법에 대해서는 더욱이 눈먼 이와 다름없는지라, 본래의 의미를 조금이라도 해치지 않았는지 적이 걱정이 앞섭니다. 아무쪼록 다소 부족과 무리가 있어도 염치불구하고 독자 여러분들의 혜량하심을 간구하기로 하고 원고를 모아 이 책들을 엮게 되었습니다. 물론 일차작업이었습니다. 저희 천학비재들이 이 책들을 엮으면서 다만 유마님이 계시지 않는 이 세상에서 조금이라도 유마님을 느낄 수 있는 계기를 마련하려는 뜻으로 용기를 내어 일을 벌였고, 또 지인의 직분을 다한다고 믿고 자위하려 합니다.

끝으로 이 책이 나오게 되기까지 출판을 허락해 주신 유가족들과 음양으로 도와주신 회원을 비롯한 모든 분들, 말할 수 없는 노고를 감내하신 편감 송암스님과 읽어 주신 김재영 교수님, 사진을 대가 없이 흔쾌히 제공해 주신 김재일 회장님과 이상원 대표님, 출판사의 이상옥 님과 관계자 여러분들께 깊은 감사의 말씀을 올립니다. 감사합니다.

나무마하반야바라밀다

2008년 4월
카페 〈유마와 수자타의 대화〉 엮은이들 합장

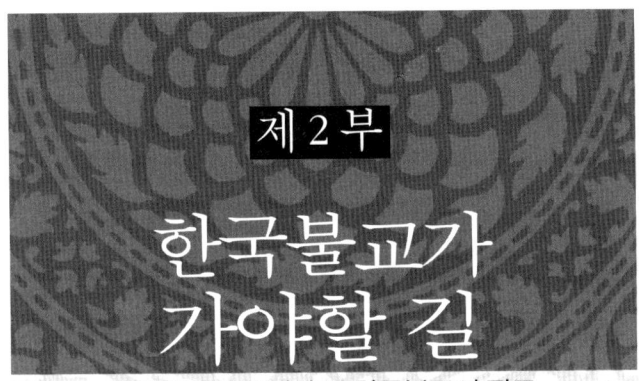

제2부
한국불교가 가야할 길
광덕스님의 뜻에서 본 한국불교의 진로

- 절이 존재해야 하는 가장 큰 이유는
  법회를 열기 위해서입니다.〈법중심〉
- 법회동참이 모든 불자들의 첫 번째 수행입니다.
- 절마다 매주 사람들이 쉬는 날(일요일)에
  정기법회를 개설하는 것이 최선의 불교중흥입니다.
- 불교의 법회가 할 일은 도인道人을 만드는 일입니다.
  결국 도인이 많은 세상이 '좋은 세상'이기 때문입니다.
  그러므로 모두가 도인이 되어야 합니다. 너도 나도….
  아니, 일체중생 모두가 이미 도인임을 깨달아야 합니다.

글·송암지원/스님, 안성 도피안사 주지, 문서포교사
그림·이규경/화가

10년 만에 『광덕스님시봉일기』

자비 출렁이는 지혜의 바다여!
이 시대 보현보살은 어떻게 살았는가!
이 시대 미륵보살은 또 어떻게 살았는가!
그 일상을 광덕스님이 숨김없이 내보여 주고 있다.

스승의 뛰어난 가르침은 열반 전이나 후에도
항상 중생들을 깨달음으로 인도한다.
여기 그 놀라운 법력! 제자의 눈물어린 기록으로
생사를 초월한 이 시대의 큰 스승을 우리 모두 다시 만날 수 있다.

본책 완간 (11권)

금하당 광덕스님은 한국 불교사에서 찬연히 빛나는 불멸의 햇불이시다.
— 청화(성륜사 조실, 조계종 원로)

선학(先學)이 후학의 효심을 만나면 선학의 진면목을 생전의 자신보다
더 진솔하게 내보일 수 있게 된다.
— 지관(조계종 총무원장)

이 책은 수행자란 과연 어떠해야 하고 또 어떻게 살아야 하는가를 보여주어
만천하 수행자들에게 귀감이 되고 있다.
— 달공거사 조흥식(불문학자, 중앙신도회 고문)

이 책을 통해 스승 존경의 풍토가 이 시대에 다시 가득 차기를 바라는
간절한 마음이다.
— 원성거사 김종서(교육학자, 중앙신도회 고문)

이 시대 보현보살로 불리운 광덕스님. 불교의 구국구세 각운동에
몸바친 큰스님의 삶을 상좌가 마치 붓으로 그린 듯 고스란히 이 책에 담아내었다.
설함 없이 법을 설하는 스승의 일상과 들음 없이 법을 듣는 제자의 시봉,
이 꾸밈없는 스승과 제자의 이심전심을 통해 불교의 인간관계를
적나라하게 보여주고 있다.
— 법경거사 박영재(물리학자, 서강대 교수)

제자에게 진달래 활짝 핀 꽃밭을 보여주고 싶어했던 광덕스님,
그러나 이처럼 다정했던 스승도 수행에 대해서는 엄격하기 그지없었다.
— 이선민(조선일보 기자)

출세간의 불교에서 스승과 제자의 관계는 세속의 사제관계를 넘어
부자관계·부부관계를 합한 만큼이나 큰 의미를 지닌다.
— 송평인(동아일보 기자)

자애로움과 경책으로 제자를 이끄는 광덕스님, 오직 경애감으로 스승을 따르는
제자의 모습이 수채화처럼 그려져 독자의 가슴을 적신다.
— 조연현(한겨레 기자)

1 오로지 부처님을 따라서

 불교는 우리 부처님께서 처음부터 '설법說法·청법聽法'의 법회法會로 시작[鹿野苑五比丘法會]하셨고, 이 법회를 통해 각지로 널리 퍼져나갔습니다. 부처님께서는 평생, 정사精舍에서 거리에서 신도들 집에서 사람들이 모이는 곳이면, 언제나 법을 설하셨습니다. 곧 법회를 열었던 것이지요.

부처님께서는 처음 법륜(최초의 법회)을 굴리신 인도 바라나시 녹야원에서 60명의 비구대중들에게 '전도선언(傳道宣言)'을 하신 뒤, 자신도 몸소 우루벨라 장군촌으로 가시어 가섭 3형제와 그 무리 천 명을 제도하십니다.

부처님께서는 가섭 3형제와 천 명의 대중과 가야산에 올라서 저 유명한 '세상은 불타고 있다'라는 주제로 '산상설법'을 하신 뒤, 그 1,000명의 대중을 이끌고 왕사성으로 전법행진을 시작합니다. 거기서 수많은 시민들과 사리불·목건련 일행을 제도하여 불교교단을 확립하셨습니다.

이처럼 불교의 시작은 전법의 법회였고 불교의 역사도 전법으로 계속되었으며, 오로지 크고 작은 법회를 통한 전법으로 불교의 생명을 상속보전하였습니다. 현재의 불교와 미래불교의 흥망성쇠도 오직 전법을 위한 법회의 개설과 전파에 달렸습니다.

1) 이제 우리 대한민국의 모든 절에서도 부처님께서 하셨던 것처럼 법을 '설하고·듣고·닦는(說法·聽法·修行)' 법회를 본업으로 하여 더 자주 열어가야 합니다. 설령, 참선·염불·간경도량이라고 해도 〈절마다 매주 일요정기법회〉를 하면서 참선도 하고 염불도 하고 독경도 해야 합니다. 이처럼 상설 정기법회가 모든 스님들의 책무가 되고 모든 절의 근본이 되어야 할 것입니다. 철저하게……。

2) 〈절마다 매주 일요정기법회〉가 없는 일단의 문화행사는 세간적인 유행을 좇는 한갓 부질없는 일이 될 것입니다. 핵심이 빠진 빈 껍질이라는 것입니다. 지금 우리는 법이 없거나 약해진 그 자리에 춤과 노래와 폼잡는 명상 따위를 채워가고 있는지도 모를 일입니다.(온갖 미명과 이유를 동원하여……..)

3) 오직 전법을 위한 법회를 통해서 한국불교의 발전을 이룩해야 하는 것은, 법회만이 불교발전을 위한 바른 방법이며, 바른 노력이기 때문입니다. 우리는 이제 겸손한 마음으로 법이 풍성한 한국불교로 다시 돌아가야 합니다. 다투어 법회를 개설하여 오로지 법으로 구국구세해야 합니다. 법으로, 절과 절이 법사와 법사가 서로 경쟁해야 합니다. 정말, 치열하게 경쟁하여 적자생존이 되야 합니다. 서로 정법을 표방하여 전법으로 분투해야 합니다. 인정사정없이 해야 합니다. (비로소 부처님의 진실한 뜻이 저 허공에 태양처럼 드러날 것입니다.)

4) 법회를 봉행하는 것은 부처님의 뜻(大悲救世)과 부촉(傳道宣言과 靈山當時 등)을 받드는 가장 지극한 불사(佛事)입니다. 또한 불자 개인에게는 법회를 의지하여 자신의 바른 삶과 최상의 수행인 전법(傳法)을 동시에 이룰 수 있습니다. 정기법회는 불자 개인의 바른 삶과 전법수행에 거울과 그물 역할을 하기 때문입니다.(법회는 나와 세간의 진정한 의지처……..)

5) 그러므로 대한민국 모든 절에서 부처님의 가르침을 여법하게 선설宣說하는 정기법회는 불교의 본래 모습이고 불자들의 본분사이며 근본도리입니다. 법회동참은 불자라면 누구나, 어느 절에서나 소홀히 할 수 없는 자신의 생명권리이며 생명의무인 절대명제입니다. 또한 목숨 걸고 받들어야 할 부처님의 일대 교칙敎勅이고 저 사라쌍수 하의 거룩한 유훈입니다.

6) 이에 〈절마다 매주 일요정기법회〉를 열어서 신도들이 청법수행聽法修行을 할 수 있도록 체계적으로 제도화해야 부처님의 뜻과 부촉이 사람들의 가슴에서 다시 살아나고, 법이 이웃에 전해질 것입니다. 흔히 절은 '경치 좋은 곳'이라고 말하는데, 이제 '법이 풍성한 곳'으로 인식되어 새롭게 태어나야 합니다. (아니, 본래대로 역할하여 제대로 실상이 알려져야 할 일입니다.)

7) 법원이 판결로 말하듯이 불교는 법으로 존재하고 말해야 합니다. 법회 없이 한갓 문화행사나 예술을 통해서 의사표현을 하면 근본에서 벗어난 일이기도 하고 자칫 위험에 빠질 수 있습니다. 이제 스님들은 남이 하지 않는 독특하고 톡톡 튀는 이벤트 종목을 찾아 밖으로 헤매지 말고, 오로지 법을 더 잘 설하기 위해 불교집안 내부의 치열한 설법경쟁을 해야 합니다. 스님들이 설법경쟁을 해야 수준이 향상되고 자질이 드러납니다. 자발적으로 공부를 하기 때문입니다. 이런 분위기가 되면 최상

의 스님들 교육이 될 것입니다. 철저하게 법으로 적자생존이 되어야 비로소 정법正法이 드러날 것입니다. (인간세상에서는 선의의 경쟁이 있어야 정신이 더욱 빛납니다.)

8) 우리 불자들은 부처님 제자인 부루나 존자나 후대의 여러 스승들처럼 위법망구爲法忘軀의 결심을 삼보전에 서원공양해야 부처님 법이 이 세계에 떨칠 것이라는 사실을 거듭 명심해야 할 것입니다. 우리 부처님 법만이 현금의 인류를 구할 수 있고 이 병든 지구를 살릴 수 있기 때문입니다. (이 일은 인간 탐진치의 결과인 지구의 대재앙이 닥치기 전에 서둘러 정신 차려 해야 할 것입니다. 밖으로 돌며 따로 무슨 운동할 것 없습니다. 법안에 다 들어 있습니다.)

9) 인간의 탐욕과 성냄과 어리석음, 이 삼독에 시달린 지구는 우선적으로 자신이 살고 봐야 할 것입니다. 사람도 힘들면 죽지 않고 살아나기 위해 몸살을 하듯 지구도 저 살기 위해서 큰 몸을 부르르 떨며 몸살을 앓게 되면 그 충격과 파장은 상상할 수 없다고 과학자들은 경고하고 있습니다.

부처님법만이 대자대비만이 이 살아 있는 생명지구를 중병에서 구해낼 수 있습니다. 지구도 대자대비를 엄청 좋아합니다. (아니, 똑바로 말하면 지구는 한량없는 대자대비입니다.)

10) "불자여, 가히 우주를 지나는 위대한 마음, 우주를 창조

한 주인인 마음, 그 주인공인 위대한 불자여, 그동안 거대한 생명체인 지구에게 지나치게 함부로 하지 않았습니까? 그 고마운 지구에게 이제 너무 미안하지 않습니까?" 돌아보아 자성해야 합니다. 우린 인간만이 아닌 지구만이 아닌 더 큰 우주를 지나는 광대심심미묘법을 닦는 진실불자이기에 말입니다. 과학자들은 지구의 온도가 2도만 더 오르면 기후변화로 대재앙이 온다고 경고합니다. 그러나 사람들은 꿈쩍도 하지 않습니다. 개인이나 집단이나 나라나 종교들이나 이기심이 바위산 같기 때문입니다. 결국 무지해서 입니다.

"나무 석가모니불" (지구에 대한 진심어린 참회진언입니다.)

11) 불자(佛子: 출가·재가)들이 오히려 윤회전생輪廻轉生이나 환생을 믿지 않고 인과응보를 소홀하게 여깁니다. 이는 불교의 기본적인 신앙이 없다는 것이지요. 심지어는 '윤회를 믿지 않으면 불자가 아니다'라고 가르친 고승을 힌두교인이라고 매도하고 망발을 부리는 불교학자도 있습니다. 깊은 사유에 의한 신앙적인 체험을 갖지 못한 사람이 함부로 망발을 부려도 동류무지同類無知의 침묵에 빠져 있는 한국불교의 오도誤導와 불신不信 내지 무신無信의 신앙적인 환경과 현실의 분위기를 보는듯하여 너무나 안타깝습니다. 원인은 〈절마다 매주 일요정기법회〉가 신앙생활을 철저하게 이끌어 가지 않았기 때문일 것입니

다.(거룩한 법, 그 설법은 만병을 말끔하게 치료합니다.)

12) 불교는 진리의 종교입니다. 설령, 진리적인 요소가 불교권 밖의 다른 어느 곳에 있어도 부정할 수 없습니다. 비록 윤회전생이 힌두교에서 비롯되었건 인천人天사상이 신교神敎나 과학에서 왔건 그것이 검증된 사실이라면 불교는 부정하거나 거부하지 않아야 한다고 봅니다. 그렇다면 인류의 공인된 사실의 공유가치를 인정하는 것이 왜 불교가 아니며, 왜 부처님의 뜻에 어긋난 일입니까? 진리의 가르침인 불교에서 말입니다.(따라서 윤회를 부정하는 따위는 불교에 대한 무신앙이고 퇴폐이고 착각이나 망발입니다.)

13) 이는 오히려 매우 잘못되고 치우친 일부 불자의 이원론二元論적인 원리주의적인 대립과 신교神敎들의 교조적인 작태와 같다고 말할 수밖에 없습니다. 매우 위험한 일입니다. (이는 불자신앙을 키우는 법회를 소홀히 한 오염되고 비뚤어지고 삭막한 풍토의 산물이고 그 결과라고 봅니다.)

14) 불교사상의 강화는 자주자주 법회를 열어 깊이 이해하고 체험해야 합니다. 그런 정진 속에서 비로소 믿음과 체험이 함께 순조롭게 커 갈 것입니다. 즉, 불교사상의 인격체인 보살의 등장이 가능하겠지요.

15) 그러므로 천막 속에서도 법회가 있으면 불교가 있고, 고

래등 같은 기와집 속에서도 법회가 없으면 불교가 없다는 말을 가슴 깊이 새겨야 할 것입니다.

16) 문화가 아무리 좋고 필요한 듯 해도〈절마다 매주 일요정기법회〉가 없는 곳에서는 한갓 세간사입니다.〈절마다 매주 일요정기법회〉를 봉행하면 모든 분야의 불교문화가 저절로 속속 살아나고 왕성해질 것입니다. (앞뒤의 순서를 바꾸면 안 됩니다.)

17) 비록 지구를 되살린다고 노력해도 그 결과는 아무도 자신할 수 없습니다. 그러나 우리 마음에 '구한다'는 생각이 있을 때, 그런 행이 갖추어졌을 때, 이미 완성돼 구해진 것입니다. 다만 지속적으로 드러내 쓰면 됩니다. 믿음을 가지고…. (마음에서 이룬 것은 현실에서 이룬 것이기 때문입니다.)

18) 사람에게는 살아가면서 어려움을 겪거나 외로움을 느낄 때가 있습니다. 상담을 해주고 의지처가 되어주는 사람이 있어야 하고 그런사람이 '멘토' 입니다. 불자의 멘토는 의당 부처님입니다. 우리는 부처님을 법회에서 법으로 만납니다. 그러므로 '법회' 야말로 불자의 멘토이고 특히 '일요법회' 가 있어야 합니다. 일요법회는 개인의 멘토이고 가족의 멘토이며 사회와 국가의 멘토입니다. 당연히 도를 닦되 법을 듣는 청법의 도를 가장 중점적으로 닦아야 합니다. 이벤트적으로 닦아서는 안됩니다. 법회는 청법대중의 멘토이고 멘토링이기 때문입니다.

2 법회동참은 불자가 거울 앞에 서는 일

1) 불자라면 누구나 삼보 주석처인 절에 자주 가서 청법聽法을 하고 삼보님 앞에 무릎을 꿇고 자신을 돌아보아야 합니다. 법의 거울을 통해 자신의 잘잘못을 스스로 가려 반성하고 새로운 다짐을 해야 일상日常에서 진리에 대한 신앙심이 성숙해 갑니다. 이것이 '세간살이 그 속에서 해탈 얻는' 보현행이며 묘행妙行이며

성불행이고 참수행입니다. (일상에 대한 반성과 뉘우침이 없으면 성품이 순일해지지 않습니다. 마음 계발의 공부에 진도가 없습니다.)

2) 여기서 분명히 할 것은 자신을 거울에 비쳐 돌아보는 일〔修行〕을 혼자 하면 보살이 되지 못하고, 독각獨覺이 되기 쉽다는 점입니다. 항상 대중과 함께 호흡하면서 자신을 살펴 '연기緣起·중도中道'의 가르침으로 살아가야 할 것을 잊지 않아야 합니다. 우린 〈절마다 매주 일요정기법회〉를 통해서 이 점을 강화해 나가야 합니다. 즉, 법으로 사람을 만나고 대하고 말하고 듣고 생각하며 사는 삶을 왕성하게 열어가야 할 것입니다.

3) 그래서 대중이 함께 청법수행聽法修行할 수 있는 공간인 절이 있는 것이고, 절이 있으면 당연히 〈절마다 매주 일요정기법회〉가 있어야 하는 것입니다. 법회가 없는 절은 한갓 건축구조물에 지나지 않습니다. 이제 각 절의 '중창·중흥'이라는 말은 가장 먼저 법회를 위해서 써야 합니다. 법회만이 불교를 일으켜 왕성하게 합니다. 정법구주正法久住입니다.

4) '설법·청법'의 일요정기법회에 참석하기만 하면 누구나 자신의 모습이 진리의 거울에 환히 비칩니다. 육신이 거울 앞에 서는 것과 같습니다. 이처럼 법경法鏡에 비친 자신의 모습을 바라볼 수 있을 때, 자신을 진리적인 삶으로 온전하게 키워 나갈 수 있습니다. 법회의 힘이지요. (법회는 삼보의 화현이고 삼보의

또 다른 이름입니다.)

5) 이로부터 점차 자신을 가다듬고 성숙시켜 나가는 것은 불자일생의 성스러운 수행과업이며 불성인격의 구현으로서, 이는 보살의 대원대행(大願大行 : 衆生成熟 - 佛國土成就)을 실현하는 법의 원만입니다. 존재는 법(法 : 연기)입니다.

그리고 청법시聽法時에 얻은 깨달음을 놓치지 않아야 합니다. 자신의 깨달음을 꼭 간직하여 의지하고 자신을 바꾸고 향상시키는 근거로 삼아야 합니다. (때로는 법의 한 구절도 많습니다.) 차츰 법을 들을 때마다 마음을 다해 듣게 됩니다. 번뇌가 떨어진 경지이지요. 향상일로向上一路입니다. 선가禪家의 향상일로, 일상日常이 펼쳐지는 장삼이사張三李四가 사는 가가호호의 향상일로와 다르지 않음을 체험할 것입니다.

6) 불자의 일상생활은 부처님과의 대화로부터 시작해야 하고 이루어져야 합니다. 무슨 일이든지 먼저 부처님께 여쭈어서 실행하면 됩니다. 부처님과의 대화는 바로 청법聽法의 법회동참이므로 매주 일요정기법회는 대화의 장이고 성취의 장이며 은혜의 장입니다. (물론, 출가와 재가 공히 마찬가집니다)

7) 법의 거울 앞에 서지 않으면 자신의 삼독심이 다 보이지 않고, 나아가 우리는 자신과 뭇 삶의 토대인 큰 생명인 지구를 구할 수 없습니다. 철저하게 불법佛法으로 자신을 구하고 세계

를 구할 수 있다는 신념은 법의 거울 앞에 섰을 때 이루어집니다. 이것이 바로 법경(法鏡 : 聽法)을 대하는 일, 일상에서 법을 쓰는 삶의 시작입니다. 법을 쓰지 못하면 곧 비불자非佛子이고, 법을 쓰지 않으면 마구니의 권속입니다. 따라서 법을 쓰는 것은 부처님의 권속이며 불자의 의무이고 무한특권이지요.

8) 법회동참을 정기적으로 갖기 위해 대중공의大衆公議로 신율장新律藏이라도 만들어야 합니다. 백제의 겸익스님이 그 당시 신율을 만들었듯이 만약 격변기인 지난 정화 때 이 법회불사에 착안했다면 지금은 한국불교가 많이 달라졌을 것입니다. 그러나 이제라도 만시지탄만으로 끝나서는 안 되고, 지금 곧 바로 매주 법회동참의 신율을 서둘러 선포해야 합니다. (금일 대중의 결의로, 그 이름으로……. 지난 정화운동은 미래의 비전을 제시하지 못했기에 한갓 '불교복고운동'에 지나지 않습니다.)

9) 법회 날이 되면 사내寺內나 산내山內의 모든 대중은 일제히 하던 일을 놓고 법회장에 모여야 합니다. 중환자를 빼고는 예외가 있어서는 안 됩니다. 법의 신성과 존엄을 능가하는 것은 아무것도 없기 때문입니다. 법의 존엄과 설법위덕의 전통은 자기 생명의 존엄과 위덕의 전통입니다. (불자신앙입니다.)

10) 불자는 모든 환경에 오로지 '감사 · 창조'로 살아야 합니다. 불자에게 환경은, 노예가 감지덕지의 주인으로부터 주어진 일방

은혜가 아니고, 연기법칙의 중도실현자인 '은혜 속의 주인'이기 때문입니다.

　이원론二元論이 횡행하는 오늘의 현실에서는 결국 물신주의物神主義와 대립과 갈등, 투쟁만이 난무합니다. 아무리 발버둥 쳐 봐도 늪에 빠진 코끼리처럼 벗어날 수가 없습니다. 처음부터 잘못 되었기 때문입니다. 이를 척결하기 위해서는 불교의 불이론不二論으로 대립과 갈등, 투쟁의 한계를 일시에 확 벗어나야 합니다. 단숨에 뛰어넘어야 합니다. 원인을 제거하면 됩니다. 이는 불교법회의 힘이고 위덕이므로 저 안타까운 이원론과 휜출한 불교의 불이론은 천지현격입니다. 하물며 어떻게 모든 가르침이 같다고 함부로 말할 수 있겠습니까? 무지한 생각이고 언행이지요. (그러므로 더 더욱 법회가 중요합니다)

　11) 출가불자인 스님들은 마땅히 계정혜戒定慧 삼학三學을 배우고 닦아야 합니다. 이 점에 대해 아무도 이의를 달지 못할 것입니다. 대원칙이기 때문이지요. 그렇다면 왜 '강사·선사·율사'를 따로 구분하여 온전치 못한 인격의 소유자를 마냥 기르고 있습니까? 당연히 스님이라면 누구나 삼학을 배워야 하는 원칙을 따라야 하는데……. 만약, 누군가가 '난 선사이기 때문에 설법하지 않아도 된다거나 계를 지키지 않아도 된다'고 하는 잘못된 생각을 가졌다면, 이는 천불출세千佛出世라도 바로

잡지 못할 것입니다. 과거에는 삼학의 법을 구하고 삼학의 가르침을 설하는 '법사法師'가 스님들의 가장 영예로운 칭호였습니다. 이런 것이 오늘 우리가 봉대해야 할 뿌리 깊은 전통일 것입니다.

12) 불교는 도인道人을 양성·배출하는 종교입니다. 도인이 많이 나와야 좋은 세상이 됩니다. 매주 일요정기법회는 도인을 탄생시키는 위대한 불사입니다. 말하자면 '삼학법사'가 도인이고, 그 '삼학법사'가 또 무수한 도인을 만들어 내지요.

13) 불자는 부처님의 각(覺:법:진리)을 신앙합니다. 법을 신앙하는 것은 법을 쓰는 것이지 닦는 것이 아닙니다. 잠시 착각을 일으켜 써야하는 것을 닦는다고 말하는지도 모릅니다. 법을 쓰면 저절로 성숙되고 안심에 이르고 지혜가 드러나며 자비가 점점 크게 용솟음 쳐 오릅니다. 다만, 각을 신앙하기 위해 배우고〔삼학〕듣습니다. 이 얼마나 쉽습니까. 모두가 부처님의 은혜이지요. 결코 부처님의 각을 '수행'이라는 창고에 숨기거나 가둬서는 안됩니다. 높은 하늘이나 바다속에 갖춰놓고 사다리 타고 올라가야 한다고 말하면 안됩니다. 계단을 걷어 치워야 합니다. '수행'은 마음을 닦는 것이 아니고 쓰는〔用〕것임을 명심해야 합니다. 쓰는 것은 실천이고 '신구의' 삼업을 일치시키는 것입니다.

불자의 올바른 신앙생활을 위해서는
재가불자들도 반드시 수행본찰이 있어야

1) 이를 위해서는 무엇보다 먼저 재가불자들에게 수행본찰이 있어야 합니다. 언제까지나 불자들이 이 절 저 절 정처 없이 지향 없이 떠돌아다녀서도 안 되고 다니게 해서도 안 됩니다. 그동안 영험을 찾아, 복을 찾아, 신통기적을 찾아, 역사와 인물을 찾고, 자연과 경치에 팔려, 공부한다는 이유로, 너무도 오래 동안 떠돌았습니다. 승속을 막론하고 떠돌이들의 집단을 면치

못했습니다. 그러나 우리는 잘 알고 있습니다. 선현들은 한 번 들어간 산문을 죽을 때까지 나서지 않았다는 사실을.

2) 이제는 만들어야 합니다. 있는 그 자리에서 자신이 모든 것을 만들어야 합니다. 저, 한번 들어간 산문을 벗어나지 않은 선현들처럼……. 창조와 역사를 만들고 평화를 만들어야 합니다. 무엇이든지 밖에서 찾거나 구하면 위험합니다. 떠돌이 인생이 되지 말아야 하듯, 떠돌이 불자가 되어서도 안 됩니다. (불자라는 말에는 출가자도 당연히 포함됩니다. 한 나무 아래서 삼 일을 머물지 말라는 말에는 다른 뜻이 있습니다. 결코 떠돌이가 되라는 말이 아닙니다.)

3) 불자의 신앙생활은 호기심의 충족이나 한갓 취미 수준이 아닙니다. 오로지 현실생활에 불성인격을 적극적으로 구현하는 책임 있는 삶입니다. 자랑스런 역사는 떠돌며 찾는 것이 아니라 붙박이가 되어 다 함께 진리를 실현해 가야 합니다. 진리의 역사는 자랑스런 역사입니다. (진리의 주인공들이 의당 져야 할 의무와 책임인, 〈절마다 매주 일요정기법회〉를, 행정책임자는 서둘러 선언해야 합니다. 큰 업적이 될 것입니다.)

4) 불성인격은 일상의 안정적인 수행처에서 인내와 성실을 통해서만 현실에 드러납니다. 그렇지 않고 단지 출가자라는 신분만으로, 불교신도라는 〈신도증〉으로, 또는 법인연法因緣의 햇

수만으로, 내지 몇 번의 선행善行으로 불자신앙은 성숙되지 않습니다. 신앙은 반드시 책임감만큼, 지어 만든 창의성만큼 성장성숙한다는 사실을 우리는 명심해야 할 것입니다.

5) 이에 재가불자들이 자신들의 관혼상제와 일상을 모두 맡길 수 있고 책임질 수 있는 절(본찰)이 있어야 불교에 대한 전법의 사명감과 진리에 대한 실천적인 책임감이 커 가고 일상에서 바람직하고 안정적인 신앙생활을 마음 놓고 할 수 있을 겁니다.

6) 불자의 바른 신앙생활을 위해서는 단순한 공부모임이나 친목모임으로는 부족합니다. 삶의 문제를 진리로 해결하는 장소로서 여러 여건을 두루 갖춘 중심처가 있어야 합니다. 그러므로 재가불자들에게 수행본찰은 반드시 필요하고, 여기에 대한 종단적인 연구와 대책이 하루바삐 있어야 하리라고 봅니다.(불자신앙을 확립하기 위해서 입니다. 불자신앙의 재정비가 시급히 있어야 합니다.)

7) 동시에 전국의 각 절에서는 해당 지역의 전법을 책임지고 불자들의 수행본찰로서의 부족함이 없도록 여건을 두루 갖추어야 하고, 거기에 따라 재가불자들은 집 가까운 곳이나 인연 있는 곳에 수행본찰을 서둘러 정해야 합니다.

8) 지금까지는 불자들이 거의가 이 절 저 절 떠돌면서 인연 따라 다닌다고 말합니다. 언뜻 매우 멋있어 보이기도 합니다만, 그러나

'인연은 창조와 책임이다' 라는 진정한 뜻을 모르고, 자신의 떠돌이 근성을 합리화하는 누습이나 악습, 폐습일 수도 있습니다. 과거의 인연은 책임과 의무이고, 현재의 인연은 창조와 발전이며, 미래의 인연은 희망과 꿈이며 이상세계입니다. (생각이 분명해야 언행의 책임이 분명해지고 삼업이 정화되어 세상이 좋아집니다.)

9) 그리고 자칫 '인연 따라'를 강조하다 보면 불교가 그만 숙명론이나 운명론에 빠져들게 됩니다. 언필칭의 면피나 면책이 되어서는 안됩니다. 매우 위험합니다. 불교는 어느 때나 바른 생각에 대한 흔들림 없는 의지와 신념을 대단히 중하게 여깁니다. 불교신앙은 바람에 흔들리는 한갓 부평초가 아닙니다. 불자신앙은 인간에게 가장 놀라운 신념체계이며 한 곳에 뿌리내리는 튼튼한 삶입니다. (신앙은 자신과 진리가 둘이 아닌 사실을 삼업에 온전히 하는 것이고 현실에 나투는 것입니다. 비로소 세간에 등불이 되는 것입니다.)

10) 포교원이 뭘 하는 곳인지? 총무원이 왜 있는지? 그 까닭을 밝혀야 한다면 바로 우리 불자들의 삶을 진리로 감싸주고 인도하고 지탱해 주기 위한 일이 아닐까요. 〈절마다 매주 일요정기법회〉 말입니다. 그렇다면 출가자와 재가자들에게 본찰을 정해 주어 안정적인 불자가 되도록 도와 주는 불교신앙을 관리하는 불교기관이 아니겠습니까?

11) 종단의 지도자와 일반 불자대중이 같을 수가 없는 것은 물리적인 완력의 차이가 아니라, 안목(미래안, 도안, 경륜)의 차이일 것입니다. 그렇다면 시대 상황이 아무리 다급하여도 이리 뛰고 저리 뛰는 것은 범부도 부끄러워하는 일입니다. 반면에 차분하고 밝게 멀리 바라보는 것은 지도자의 역할일 것이고 출가자들의 자질일 것입니다. 우린 분명 이 점이 부족하여 일이 생기면 눈앞만 봅니다.

그리고 저 조선시대의 억불훼불의 잔재와 정화의 후유증과 서구문명에 대한 열등감의 피해의식을 벗어나지 못하고 있습니다. 결국 안목 때문이 아니겠어요. 이런 모든 것의 치유는 법法뿐이라는 사실을 통각痛覺해야 합니다. (법은 바른 안목이기 때문입니다.)

12) 절은 세간의 의지처이자 거울입니다. 안심할 의지처가 되고 밝은 거울이 되기 위해서는 어떤 절이 되어야 할 것인가를 구성원들은 깊이 생각해야 합니다.

4 청법聽法은 불자의 모든 수행 중에서 기본수행이며 최종수행입니다
 - 또한 절마다 도서관 건립을 서둘러야

 1) 불교의 수행방법이 많지만 청법은 불자들의 가장 기본적인 수행이면서 동시에 최종적인 수행(擇米)입니다. 불자는 이 청법수행聽法修行을 통해 거듭거듭 발보리심하게 되고, 참회와 서원을 새롭게 할 뿐 아니라, 자신의 공부를 점검하여 바른 길을 찾아가게 됩니다. (처음가는 곳에서 이리저리 길을 찾아 헤매다

가 문득 발견한 조그만 이정표의 고마움을 느껴보셨습니까?.)

2) 또 청법수행은 공부의 시절인연에 따라서 깨달음의 결정적인 일구一句가 되기도 합니다. 이처럼 청법수행은 듣는 것으로 시작하여 듣는 것으로 완성될 수 있기에 '설법·청법'의 법회동참은 기본수행이며 종합수행이고 내지 결정적 수행입니다. 그러므로 법회개설은 중요한 불사이고 깨달음의 각불사입니다. 즉, 불자신앙은 부처님의 대각을 향하며 받아들이는 것입니다.

3) 일찍부터 절의 출가대중들에게는 정기적으로 상단법문을 하는가 하면 수시로 소참법문을 했고, 그것도 부족하여 대중이 모일 때마다 법을 내보였습니다. 오늘 우리는 선대의 이 점을 똑똑히 상기해야 합니다. 따라서 출가승단에서는 재가불자들에게도 당연히 청법의 기회를 여법하게 갖추어 주어야 합니다. (이것이 시주에 의지한 출가대중의 당연한 도리일 것입니다.)

4) 이 일은 오늘의 출가승단에게 주어진 일차적인 책무입니다. 따라서 이미 있는 법회의 활성화나 새로운 법회의 개설을 통해 정기적인 전법불사傳法佛事를 충실히 이루어 가야 합니다. 도대체 법이 설해지지 않거나 법회를 소홀히 하는 절을 어디에다 쓸 것입니까? 법을 증거하지 않고 설하지 않는 스님이 어떻게 삼보입니까? (울려퍼지는 저 삼귀의에 부끄럽지 않겠습니까?)

5) 또한 불서佛書를 통한 청법은 예로부터 절에서 해오던 자랑스런 전통이며 포교방식입니다. 전통적으로 각 절마다 경판각을 두어 필요할 때마다 책을 인행했으니 오늘날의 출판사입니다. 그 중에서 가장 큰 출판사가 대장경판을 모신 해인사 장경각입니다. 독서는 법을 듣는 것(聽法)처럼 사람들에게 큰 힘을 줍니다. 아니, 온갖 것을 다 줍니다. 아이디어를 주고 지식을 주고 상상력을 키워 정신의 지평을 무한하게 넓혀 줍니다. 불서는 바른 믿음을 주고 진리를 깨닫게 해 줍니다. 그러므로 불서 보급은 오늘날 지식산업사회, 나아가 정보사회에서는 더더욱 필요한 일이기에 절마다 도서관을 서둘러 열어야 합니다. 불자들이 절 도서관에서 불서 읽는 일, 이미 그 자체가 중요한 청법 수행이지 않습니까? 문서포교입니다. 상업출판으로 가지 말고 문서포교가 지닌 막중한 사명감을 느껴야 합니다.

절마다 도서관…… (생각할수록) 황홀합니다. (나무 석가모니불, 백천만 번…….)

6) 청법수행은 삼혜(三慧: 聞·思·修)를 낳습니다. 삼혜의 근본이 청법聽法이기 때문입니다. 비록 도를 깨달은 도인道人이나 열반길에 노니는 달사達士라 해도, 때에 따라 거듭 법을 들으면서 도의 자각생명自覺生命을 내어 쓰지 못한다면 소용이 없습니다. 매 청법에서 온갖 덕행이 다투어 나오기 때문입니다. (바로

법을 쓰는 것(用法)이죠.)

7) 법회는 사람의 정신을 바로 세우는 대각행원구국구세의 광작불사廣作佛事입니다. 예로부터 불자들은 법회에 가서 법 듣기(聽法)가 가장 큰 즐거움(法悅)이었고, 따라서 법인연을 혈연보다 소중하게 여겼습니다. 결코 잊지 말아야 할 일이며 무엇과도 비교할 수 없고 대신할 수 없는 몸 속의 피와 같은 본분사입니다. 법의 즐거움은 세상의 즐거움과는 비교할 바가 못 됩니다. (그 즐거움은 무엇으로도 강조할 수가 없고 비교할 수가 없습니다.)

8) 법을 근거하지 않으면 기분파가 되기 쉽습니다. 특히 출가불자들 중에 기분파가 많다고 합니다. 매우 위험한 일이지요. 삼보정재나 불사를 자신도 알 수 없는 들뜬 도거심의 기분에 맡겨서는 안 되기 때문입니다. 당연히 목하 현실에서는 엄청 지성적이고 이성적이어야 하지요. (불교의 믿음을 가진 사람의 이성과 지성은 거룩한 부처님 법의 자랑스런 출구입니다.)

9) 우리는 분명하게 알아 둬야할 사실이 있습니다. 불교에서는 선구자니 선각자니 순교자니 하는 용어를 따로 강조하여 내세우거나 특별히 사용하지 않습니다. 이는 이원론二元論의 가르침에서나 강조하고 쓸수 있는 말에 지나지 않습니다. (알고보면 이는 대립과 갈등, 일방의 말입니다.) 그러므로 아무거

나 따라 배워서는 안 됩니다. 불교 밖의 것을 배워 안으로 들일 때는 반드시 근본인 법에 근거하여 취사선택을 해야 합니다.

 10) 불교에서는 불성을 대하고 숭신하는 절대신앙을 따르기에 이미 부처님이나 보살마하살이나 역대조사와 일체 선지식들이 그대로 선구자이고 선각자이시며 순교자들입니다. 일체 중생과 모든 보살들이 그대로 평등한 진리적 현현이기에 당연히 진리로 태어났고, 진리로 살고, 진리로 오고 갑니다. 그러므로 특별한 말을 따로 부칠 이유가 없습니다. 진리를 본바탕으로 하는 가르침에서는 모든 사람이 진리의 아들이기에 성인을 따로 혹처럼 만들어서 평지풍파를 일으키지 않습니다. (분명 면모가 다르고 안목이 달라야 합니다. 함부로 남 흉내내어서는 안됩니다. 개가 코끼리 가죽을 덮어 쓴다는 말이 있습니다.)

5 조계종의 진정한 '중창·중흥' 불사

1) 대한민국 모든 절에서는 지금부터 '중흥·중창' 불사를 일제히 시작해야 합니다. 건물 짓는 '중흥·중창' 불사가 아니라 천막 속에서도 매주 법회를 여는 법이 충만한 '중흥·중창' 불사가 다시 시작되어야 합니다. 미학적인 건물 짓는 일과 성과적인 이름 앞세우는 일에서 단연 벗어나야 합니다.

예술이나 명예는 세간의 몫으로 남겨두어도 됩니다. 출가자가 다 차지해서는 안 됩니다. 출가자는 오로지 불법의 증거자, 보살행의 중심이 되면, 충분히 삼보가 되리라고 봅니다. (조금도 걱정하거나 조바심 내지 마세요.)

2) 지금 사부대중이 하나같이 불교의 앞날을 걱정하고 염려를 일삼고 있습니다. 그렇게 한가할 때가 아닙니다. 너나없이 발등에 불이 떨어진 것처럼 화급하게 법의 깃발을 내걸고 사람을 불러 모아 〈절마다 매주 일요정기법회〉를 열어 나가야 합니다. 실천이 없는 좋은 말이나 염려는 한갓 소음이나 번뇌를 보태는 일에 지나지 않습니다. (오직 바른 생각, 즉각적인 실천만이 지혜이고 진실행입니다.)

3) 이제 기회가 왔습니다. 지금이 바로 그 기회입니다. 위기의 순간이 둘도 없는 기회이고 호기이며 적기입니다. 불교도들이 법에 대한 자긍심과 책임감, 법에 대한 신앙의 열정만 있다면 분명 위기는 새로운 기회입니다. 만약 이 기회를 살리지 못하면 돌이킬 수 없는 문책의 재앙이 온다는 사실을 불자 모두가 잘 알아야 할 것입니다. 왜 삼재팔난의 재앙만 두려워합니까! (불자로서 법을 소홀히 하거나 멀리한 더 무서운 재앙이 있는데도…….)

4) 이에 한국불교의 대표종단인 조계종에서는 부처님의 본 뜻을 받드는 불사를 대대적으로 벌여 나가야 합니다. 바로 모

든 〈절마다 매주 일요정기법회〉를 개설하고 빠짐없이 실행하는 일입니다. (법회는 현실입니다. 현실에 불교의 운명이 달렸기에)

5) 무엇보다 거룩한 삼보인 스님들의 법회에 대한 각성을 촉구하고 전법의 중요성을 깨닫도록 호소하며, 전법에 대한 사명감을 가져야 하고 제도화해야 합니다. 아차하여 시기를 놓치면 죄 짓고 벌 받습니다. 잘 알죠. 자기가 죄 짓고 자기가 주는 벌은 피할 수도 벗어날 수도 없는 것임을. 인과법이기 때문입니다. (불자에게는 인과법보다 더 무서운 법이 없지요. 따라서 서둘러 설치하세요. 〈절마다 매주 일요정기법회〉를……)

6) 과거 어느 시대보다 현대는 모든 것이 명명백백하여 거짓이나 위선을 용납하지 못합니다. 진실이 아니면 살아 남을 수가 없습니다. 우리 불교계도 우선 출가자들부터 이 점을 분명하게 알아 처신해야 합니다. (진실과 정직이 출가의 생명.)

일각에서는 차라리 '스님'이라기보다 멋쟁이 한량을 방불케 하거나, 사람 많은 곳 맨땅에서 목탁을 치며 구걸하는 사이비나, 완력을 앞세우는 건달과 행패를 일삼는 왈패의 모습을 가끔 보게 됩니다. 오늘의 시대에서는 고승 백 명의 역할보다 눈쌀 찌푸리는 이 한 명들의 역할(?)이 더 크게 보입니다. 아뿔싸!

7) 앞뒤 경우도 없고, 최소한의 예의도 없고, 무모하고 무도

한 행태가 출가자들에게 조금이라도 남아 있다면, 지금 당장 거대한 내적 '정화운동'을 벌여 그것들을 인정사정없이 척결해 나가야 할 것입니다. 아울러 불교 전반에 퍼져 있는 바람직하지 않은 구습과 악습을 바꾸는 일대 혁신운동을 펴야 할 것입니다. 물리력이 아닌, 〈절마다 매주 일요정기법회〉로 말입니다. 이른바 법회는 정신적인 자각운동이고 출가자들이 자발적으로 배우게 되는 교육장입니다. (비폭력 운동만이 진리가 아닙니다. 신앙을 바탕으로 한 법회수행이야말로 성스러운 진리파지운동입니다.)

6 소위, 일 잘하는 소임자보다 다소 미련하고 둔한 듯 보여도 원칙적인 소임자가 절실합니다

1) 유행과 시류는 흐르되 돌고돌아 결국 처음과 같아집니다. 근본에서 보면 한갓 부질없는 일입니다. 그러기에 세태의 흐름과 임기응변에 능한 영리한 사람보다 묵묵히 원칙을 지켜가는 미련하고 둔감한 듯한 사람이 불사佛事의 중심에 있어야 하고 출가승단의 토대가 되어야 합니다. 왜냐하면 불법은 한 때의 유행도 아니고 일시적인 시류의 사조도 아닌 시간과 공간을 격절한 만고불변의 진리이기 때문입니다. 자고로 진리파지

자眞理把持者는 산과 같아야 한다고 했습니다. (如如不動이겠지요.)

2) 이념의 흐름이나 사조의 변화, 또는 진보니 보수니, 좌니 우니 하는 것도, 결국 진리와 역사의 긴 눈으로 보면 모두 한 때의 풍파에 불과합니다. 진리에 비하면 한갓 허무한 물결이지요. 그러므로 결코 함부로 휩쓸려서 불교를 세속화시키지 말고 꿋꿋하게 불교의 정체성을 지켜가는 굳은 심지가 필요합니다. 오로지 불법만이 중생을 진정한 행복으로 인도할 수 있다는 엄숙한 사실을, 자신의 목숨과 나란히 두어야 합니다.

3) 저, 한 송이 푸른 연꽃같이, 세상 속에 있으면서 그 세상을 바꿔갈지언정, 결코 세상에 물들지 않는 것이 보살의 본분 아닐까요. 고귀합니다. 아름답습니다. (비로소 인생이 연꽃으로 피어나 아름답군요. 오로지 〈절마다 매주 일요정기법회〉의 힘입니다.)

4) 사람과 제도를 탓하고 바꾸기 전에 먼저 불자 자신의 참회와 수행, 원력을 바탕으로 항상 '자아정화운동自我淨化運動'을 스스로 펼쳐야 합니다. 여기서 참다운 지혜와 용기가 샘솟아 나옵니다. 법회를 위한 지극하고 간절한 충성심도 솟아나지요.

5) 불법진리에는 혁명이나 개혁만이 능사일 수는 없습니다. 오랜 전통을 중히 여겨 함부로 고치고 바꾸어서는 안 됩니다. 경거망동해서는 우리의 소중한 것을 다 잃어버리게 됩니다. 집

안의 못난 후손의 손으로……. 심사숙고해야 합니다. 그동안 심사숙고하지 않아서 얼마나 큰 죄를 지었습니까? (아아, 우리 모두 그동안 지은 죄로도 불보살님과 성현 앞에 유구무언! 무한 석고대죄해야겠지요.)

6) 특히 출가한 스님들은 인간의 미래를 예언하는 일 따위는 일체 하지 말아야 하며 아예 그쪽으로 가까이 다가가서도 안 됩니다. 혹자는 방편(?)을 쓰되 기도로 종결하면 될 것이고, 모인 돈을 좋은 곳에 쓰면 되지 않느냐고 눈을 부라리며 강변합니다. 그러나 불교의 모든 일은 처음도 좋고 중간도 좋고 끝도 좋아야 합니다. 원인과 과정을 무시하여 성과주의에 빠지면 비법非法, 탈법脫法 무법無法천지가 되고 맙니다. 결코 출가자 스스로가 사자 몸의 벌레가 되지 않도록 각별한 경각심을 가져야 하리라 봅니다. 거룩한 삼보이기 전에 우선 평범한 불자의 한 사람으로도 말입니다. ('스님=거룩한 삼보', 조금도 부인하거나 거절하고 싶지 않지요. 그 좋은 대접을……. 그럼, 당연히 책임도 져야지요. 우선 〈절마다 매주 일요정기법회〉로요.)

7) 불교계의 일부 출가자들이 법회를 통해 올바른 신앙심을 심으려고 노력하지 않으면서, "보라, 오늘의 서구에는 유일신교가 쇠퇴하고 그 자리에 불교가 일어나고 있다"고 외치고 떠들고 다닙니다. 불교의 역수입현상이 일어나고 있다고 가슴을

쓸어내리는 것이지요. 이는 참으로 가관입니다. 아니, 차마 목불인견입니다. 뭘 몰라도 한참 모르는 한심한 작태입니다. 유치한 발상이고 행동입니다. 아예 눈뜨고 보지 못할 중증의 자가당착입니다. 염치없고 체면없는 망발입니다. 아니, 어디 위로받을 곳이 없어서 외세에 의존합니까? 왜 남들이 망하는 것을 학수고대합니까? 정신과 사지가 멀쩡한 사람들이…….

자신들은 속수무책으로 수수방관하면서……. (아니, 빈둥빈둥 맨날 놀고 먹으면서. 자, 서둘러 각성하여 〈절마다 매주 일요정기법회〉를.)

참 어이가 없는 발상이고 한심하고 무책임한 언행입니다. 즉시 발로 참회한 뒤, 두 팔 걷어부치고 매주 일요정기법회를 열어야 할 것입니다. (참회의 길은 오직 하나, 법회신수봉행.)

8) 그리고 우리 한국의 불자들은 분명히 알아야 합니다. 신교神教가 쇠퇴해 가고 있다는 그 서구에는 한국불교가 없다는 사실을……. 이 점 매우 엄숙하고 분명하게 알아야 합니다. 일찍이 불교가 자리한 한국의 토질은 어떤 종교이든지 자라기 쉽습니다. 신교神教들 중에서도 그들끼리 이단이라고 하는 교단이나 교파들은 한 발 빠르게 한국의 토질에 뿌리를 내려 착근했습니다. 감쪽같이 불교의 좋은점을 이용했습니다. 그런 현상은 앞으로 점점 가속도가 붙을 것입니다. 다급해지면 꿀꺽꿀꺽 마

구 삼킬 것입니다. (부족한 것을 한국불교에서 보충하면서.)

9) 현재 그들이 무단으로 사용하고 있는 불교언어만 봐도 누구나 알 수 있습니다. 사십구재 의식도 그들에 맞게 손질하여 이미 쓰고 있습니다. 따라서 불교계의 건달이나 한량 같은 무책임한 사람들이 함부로 말하는 것처럼 불교시대가 저절로는 결코 오지 않습니다. 비록 서구에는 온다 해도 한국은 다릅니다. 백번 양보하여 설령 온다 해도 외세를 통해 오는 것에 대한 의미를 깊이 생각해 봐야 할 것입니다. 이 점도 서둘러 〈절마다 매주 일요정기법회〉를 열어야 하는 매우 중요한 이유입니다. (하루 빨리 헛된 꿈과 부끄러운 망상에서 벗어나게요. 남이 알까 두렵고 알게 되면 창피합니다.)

10) 진정한 사회안정은 구성원들의 맡은바 임무의 충실성에 있고, 진정한 종교화합은 각자 자신들 가르침의 충실함에 있다고 봅니다. 그러므로 '종교화합'이라는 제목을 내걸고 굳이 시간 낭비하며 손잡고 다녀야 할 까닭은 없을지도 모릅니다. 교양과 인격에 힘입어 서로 불간섭이나 불비난이 최고의 상대존중일 것입니다. 각 가르침에는 나름의 전통이 있고, 좋은 것들이 많으니까요.

무엇보다 종교인들은 무슨무슨 운동들보다 우선 자신과 자신이 속한 교단에 충실한 사람이 되어야 할 것입니다. 민중의 고통을 함께 한다는 명분을 앞세워 각자의 종교적 가르침의 자의적 해석과 실천적 본분에서 너무 많이 이탈한 오늘의 종교인들 모습이지요. 종교는 고통의 제거에 이미 그 사명과 역할이 충분히 갖추어져 있는데도……. 다만 본령대로 제대로 가고 있는지 제대로 실천하고 있는지가 문제지요.

11) 이 종교에서 나서니까 저 종교에서도 나서고, 은근히 서로 경쟁하듯이 거리를 매웁니다. 정의라는 이름으로 행진하는 모습이 또 다른 폭력이 되어 사회혼란을 야기하지는 않을까 무척 조마조마 합니다. 집단정의의 횡포는 맹수와도 같다고 합니다. (역사를 거울로 삼으면 오늘의 풍경과 앞길이 더 잘 보입니다.)

7 법회개설은 현대인의 생활양태에 따라

1) 현대인들의 생활양태는 양력으로 기준을 삼고 7일(일주일)을 가늠하여 일하고 쉬고를 반복합니다. 이에 절에서도 현대인들이 쉬는 날(토요일, 일요일 혹은 공휴일 등)을 택해 정기법회를 열 수밖에 없을 것으로 봅니다. 그래야 가족이나 남녀노소 누구나 쉽게 절에 갈 수 있기 때문입니다.

2) 또한 앞으로 불교신도들의 신앙관리를 첨단매체(DMB 등)를 이용해서 하더라도 터전이 될 〈절마다 매주 일요정기법회〉가 상설되어야 어떤 종류의 매체 포교도 비로소 가능할 수 있

습니다. 아무리 문명이 발전해도 주인공은 역시 사람입니다. 이 점 간과해서는 안 됩니다. 따라서 더욱 사람이 함께 모이는 〈절마다 매주 일요정기법회〉의 중요성이 높아집니다.

3) 그래서 전국 방방곡곡의 모든 절에서는 불자들이 청법수행聽法修行을 할 수 있도록 시급히 〈절마다 매주 일요정기법회〉를 개설, 상설해야 합니다. 가능하면 전국의 모든 절에서 일시에 법회를 열어 가야 합니다. 이렇게 일 년이면 나라가 확―, 달라질 것입니다. 법의 힘입니다. (눈에 훤히 보입니다. 도대체 왜, 머뭇거려야 합니까?)

4) 비록 산골짜기 외로운 암자라 할지라도 매주 일요정기법회를 열어야 하며, 설령 동참대중이 한 명이라도 '설법·청법'의 이 정기법회를 꾸준히 이어간다면, 바로 거기에서 한국불교의 밝은 미래를 기약할 수 있을 것입니다. 나라의 부강이나 통일의 힘도 결국 진리에서 나옵니다. 진리에 기초하지 않은 일은 오래갈 수 없기 때문입니다. (저, 지난 역사를 돌아보세요.)

5) 그런데도 머리 깎고 먹물옷 차려 입은 출가수행자가 법은 설하지 않고 오로지 토굴(?) 속에서 취미생활을 누리거나 일신의 안락을 도모하며 사는 경우도 없지 않은 듯 합니다. 통탄스러운 광경입니다. 안타깝습니다. 눈물이 나도록 안타깝습니다. 사자 몸의 벌레가 누구인지를 모르는 그 무지가 너무나 안타깝

습니다. 불보살님들의 눈에는 어떨까요? (또 이웃은 그들을 어떻게 생각할까요?)

6) 세상 사람들은 부모에게 보은을 물질로 하지만 출가자들은 부처님과 스승에 대한 보은을 법으로 해야지요. 따라서 스승의 안목이나 사상을 공부하지 않고 어찌 보은한다고 말하며, 법을 계승한다고 하겠습니까. (삿되고 어리석은 망발이지요.)

7) 참 묘하게도 인간의 말과 행은 비례해야 하는데도 거의 반비례입니다. 누군가 어떤 분야에 대해 강조하는 것을 살펴보면 그 반비례 현상이 두렷이 보입니다. 언행일치의 비례적인 일은 매우 드뭅니다.

생전의 부모에게 불효를 많이 저지른 사람일수록 사후에 시도 때도 없이 부모를 들먹이고, 또 스승의 회하에서 불경불충한 사람일수록 사후에 돌연 효상좌로 둔갑하지요. 그러나 세상은 다 압니다. 진실이 무엇인가를……. (속일 수 없습니다.)

8) 그러나 묵묵히 말없는 사람이 있거들랑 그의 언행을 살펴보세요. 무엇을 하고 있는지, 아마 백마디 말보다 귀한 행이 금처럼 쏟아지고 있을 것입니다. 아니, (자식이) 새로운 금을 만들어 이미 있는 (부모의) 금에 보태어 가고 있을 것입니다. 타는 불길에 장작을 더 넣어 세상을 더 크게 밝힐 것입니다.

이것이 청출어람이고 마침내 스승을 뛰어넘는다거나 하는 따위의 말도 되겠지요. 불교의 가치실현이나 스승의 업을 계승하는 진정한 불사는 결코 말로만 해서 될 일은 아닐 것입니다. 불사를 잘하기 위해서 설법을 잘하기 위해서 밤새워 공부를 하고 기도를 하는 출가자들의 정진이, 특히 선대의 업을 물려 받은 사람일수록 각골난망의 분투정진이 있어야 할 것입니다. (저 코끼리처럼 소처럼 듬직하고 우직하게……. 뚜벅뚜벅. 결코 개가 코끼리 가죽을 덮어 쓰고 살아서는 안되겠지요.)

절에서는 결코 상商행위를 하지 말아야

1) 그리고 불자들의 신앙심을 키우기 위해서는 어떠한 명분으로든 절에서 상행위를 해서는 안 됩니다. 불법佛法을 돈 받고 팔아서도 안 되고 물건을 팔아서도 안 됩니다. 더구나 절을 유지하고 불사佛事를 하기 위해 상행위를 하는 것은 더더욱 정도正道를 벗어난 매우 위험한 일입니다. 우리 불자들은 굳센 각오로 '절에서 상행위 금지'의 이 대원칙을 지켜 오로지 정도를 가

야 할 것입니다. 어떤 형태로든지 부처님 가르침을 설하면서 대가를 받고 돈을 받다니요. 부처님 가르침은 인류공유人類共有의 가치이기에 개인이나 집단이 함부로 사유화하면 우주법계의 질서를 어기고 벗어나는 무서운 일이 되지요.

2) 불사성취에 대한 손쉬운 생각을 버리고, 좀 더디고 어렵더라도 불자들의 신앙심을 바탕으로 한 보시수행으로 절을 유지하고 불사를 할 수 있도록 뼈를 깎는 노력을 기울여야 합니다. 만약 절에 양식이 떨어져 굶더라도 보시를 권할지언정 상행위를 하면 안 됩니다. 상행위를 할 바에는 차라리 굶어 죽는 편이 나을 것입니다. 불교의 미래를 위해서……. (그것도 순교입니다.)

출가자는 법과 원칙을 지킴에 사뭇 결연해야 합니다. (사바하!)

3) 지금부터라도 이 원칙에 출가와 재가는 철저하게 공명, 공감해야 하고, 특히 출가자들의 확고한 정신자세가 더욱 중요하다는 것을 강조하고 싶습니다. 그 어떤 명분으로든 출가한 스님들이 장사꾼이 되어서는 안 됩니다. 깊은 불교정신을 매몰시키고 좀먹는 감각과 현상에 치우친 물질 위주의 자본주의의 앞잡이가 되고 들러리가 되어서는 안 될 것입니다. (결정코)

4) 비록 우리가 돈이 최고인 황금만능시대에 살고 있다고 해도 용기 있게 절도 있게 부처님 법을 굳세게 지켜가야 합니다.

진불자眞佛子는 호법으로, 파사현정의 보살정의菩薩正義로 살아 가야 하기 때문입니다.

5) 특히 절의 책임자들은 절 안에서 신도들을 대상으로 상행위를 할수록 신도들의 신앙심은 뚝뚝 떨어져 부처님 가르침과 점점 멀어져 간다는 사실을 똑똑히 보고 알아야 합니다. 절 내에서 벌어지는 모든 상행위와 그를 위한 상점 설치, 그 자체는 이미 율장에 위배되는 일입니다. (단지 보다 잘 먹고 잘 살기 위해 부처님의 뜻을 정면에서 거역하다니요. 도대체 정신이 있습니까, 없습니까? 서둘러 정신차려야 합니다.)

6) 만약, 절에서 특산품이나 좋은 물건이 생산되면 사회단체나 신도들, 이웃에게 나누거나 베풀지언정 결코 팔면 안 됩니다. 상점을 절 밖으로 속히 내 보내야 합니다. 우리는 바로 이 점을 최우선 개혁해야 합니다. 아니, 원칙을 되찾아 정상적인 상태를 회복해야 합니다. (정상, 그것이 진리이지요. 이것이 진정한 정화운동입니다.)

7) 그러나 이미 우리는 상행위를 금해야 하는 이 원칙으로부터 너무 멀리 벗어나 있는지도 모릅니다. 어쩌면 물신物神시대의 앞잡이가 되고, 또는 자신도 모르는 사이 신흥 부호富豪나 귀족貴族이 되려고 눈이 빨개지도록 불철주야 노력하고 있는지도 모릅니다. (마치 정상모리배들처럼……. 아니, 종교협잡배들

처럼……. 머리 깎고 돈되는 일이라면 안 하는 일이 없는 사람들, 심지어는 거대 종단의 이름으로 달력장사도 하고 고급 식당도 내고 방도 빌려주고 이제는 물장사에까지 뛰어든다니, 세간의 군자들이 뭐라고 나무랄지 깎은 머리가 따끔거리네요. 아마, 이런 말을 하는 사람이 그들에게는 시대의 낙오자나 한갓 불평분자로 보일 것입니다.)

8) 설령, 지금까지는 그렇다손 쳐도 이제부터 우리는 뼈를 깎는 각오로 정법을 수호해야 합니다. 용맹정진으로 환골탈태하여 정법을 굳게 지켜가야 합니다. 불교가 무엇인지, 왜 머리는 깎았는지 지금 이 시점에서 깊이 생각해 봐야 합니다. 그리하여 불교정신, 출가정신을 다시 발휘해야 합니다. 지금 바로 시작해야 합니다. 이는 동지 찾거나 본사나 총무원 기다릴 것 없이 각자가 스스로 해야 합니다. 바로 지금 즉시 서둘러 해야 합니다.

9) 학자들은 불교야말로 자본주의의 문제점을 개혁할 수 있고 그 대안이 될 수 있는 이 시대의 거의 유일한 구세사상救世思想이라고 말하고 있습니다. 더욱이나 출가자는 본인의 뜻과 관계없이 모두가 사회의 정신적 지도자입니다. '출가'라는 신분 자체가 그렇습니다. (따라서 조금만 잘하면 좋은 점이 많습니다.)

10) 지도자는 전적으로 자신이 받드는 사상을 실천하는 일이 그 직분이라는 사실을 솔직하고 겸허하게 인정하고 철저하게

자각해야 할 일입니다. 빠를수록 좋고 투철할수록 좋을 것입니다. (자신의 정체성 확립이지요. 집단의 정예화입니다.)

11) 또한 신도들인 재가불자들도 삼보와 일체중생을 위한 신앙심으로 무주상無住相의 보시수행을 목표로 해야지, 사찰에 일시적인 도움이 되거나 이웃돕기를 한다는 단순한 생각에서, 또는 적당한 핑계를 마련하여 상행위에 참여하거나, 나라에서 다시 돌려받는 기부금 수준에 머문 보시수행을 해서는 안 됩니다. (따라서 절에서 기부금에 대한 영수증 발행은 철저한 원칙과 기준이 있어야 할 것입니다.)

12) 상행위나 대가를 전제로 하는 보시수행은 자칫 부처님의 가르침을 변질시키고 훼손시킬 수 있다는 사실을 명심불망, 철저하게 각인해야 합니다. 상행위와 대가를 바라는 보시나 기부금은 자신도 모르는 사이 진리를 등지는 일이 될 수 있기에, 불자는 오직 육도六度의 첫째인 '보시수행'으로만 가야 할 것입니다. (이제부터는 스님들도 보시수행해야 합니다. 호주머니나 지갑에 돈이 들어 있지 않습니까? 그러므로 당연하지요. 법회 때도 앞장서서 헌공해야 합니다.)

13) 우리는 분명하고 철저해야 합니다. 결코 진리를 자신의 삼독심에 어물쩍 파묻거나 유리한 쪽으로 적당하게 합리화 해서는 안 됩니다. 진리는 저 구름을 벗어난 달처럼 교교히 낭연

해야 합니다. 누구에게나. 우선 우리들 자신 가운데서부터…….

14) 불자는 자신의 지조와 존엄을 지켜가야 합니다. 비록 가난해도 정신은 탁하지 않아야 하고, 내세울 것은 없어도 진실해야 합니다. 남을 속이는 것보다 더 무서운 일은 자신을 속이는 것이니까요. (자신의 지조와 존엄은 자신의 진실생명이기에.)

15) 부처님은 문화탐미의 선구자나 개발자가 아닙니다. 문화를 따로 내세우지 않았습니다. 오로지 중생의 고통을 구제하신 대자대비입니다. 요즘 절이라는 간판을 버젓이 내걸고 본래의 역할을 저버린 채, 대관절 '이래도 되는가' 하는 느낌이 들 정도로 문화탐미에 젖어 있는가 하면 마치 골동품상처럼 아예 절 문을 꽁꽁 닫아 걸고 은밀히 끼리끼리 향유하는 곳도 있다고 합니다. 이런 절이 있어서는, 진정으로 부처님을 따르는 어진 분들이 몹시 안타까워 한다는 사실을 탐미자들은 알아야 합니다.

16) 이런 점도 〈절마다 매주 일요정기법회〉를 열고 법회에 충성하면 곧 깨닫게 될 것입니다. 아니, 매주 일요정기법회를 열렬하게 하면 그 동안의 죄업이 모두 녹아 없어질 것입니다. 나아가 문화탐미의 교묘한 탐욕도 품격 있는 교양으로 탈바꿈할 것입니다. 저 뛰어난 법력(法力 : 진리의 힘) · 법회력(法會力 : 진리공동체의 힘)으로 말입니다.

17) 불교는 인생과 우주의 본질을 밝히는 원리제공이 그 주된 역할이고, 그것을 바탕으로 하여 현상의 문화예술은 사회의 여러가지 요소를 토대로 하여 저절로 알맞게 형성되어 갈 것입니다. 이에 불교는 '설법·청법'을 통해 근원을 밝히는 역할만 충실하게 하면 될 것입니다. (연후, 불교문화는 자연발생입니다.)

18) 우주의 원리인 법法을 매매하는 행위일체, 말하자면 부처님 가르침을 돈 받고 설명하는 일〔불교교양대학〕, 오로지 부처님 가르침을 설해야 할 장소인 절에서 장사하는 일, 심지어는 절마저 은밀하게 매매가 되는 슬픈 현실……. 이 점에 있어서 이웃으로 살고있는 저 오래된 신교神敎는 지금 어떻게 하고 있나요? (조용히 묻고 싶습니다. 왜, 현실적으로 우리불교가 그들보다 못해야 하나요? 굳이 배우려면(?) 이런 점, 체통과 자존감을 배워야 하지 않을까요?)

19) 불교는 계도해야 합니다. 신도들에게 절약을 강조해야 하고 보시를 강조해야 합니다. 특히 보시는 불자들의 가장 중요한 신앙생활입니다. 절약한 물자를 인류를 대상으로 보시하여 빈곤을 퇴치해야 합니다. 자본주의의 취약점을 보완하는 구세의 길입니다. 인류행복의 정토건설입니다.

20) 보시는 불교가 가진 가장 중요한 생명력입니다. 그런데도 교단에서는 보시를 말하는 대신 장사를 앞세우고 이벤트를 강

조합니다. 우리는 다시 보시를 찾아야하고 신앙으로 받아들여야 합니다. 조선시대 팔공산 자락의 운부암에는 100여명의 출가자들이 살면서 공부를 했습니다. 매우 어려운 환경이었지만 양식이 떨어지면 모두 나서서 탁발을 했습니다. 보시를 가르쳤고 보시로 목숨을 유지했습니다. 물론 다른 절도 그렇습니다. 이제 우리는 조선시대의 스님들에게 이 점을 배워야 합니다.

사회적인 분위기에 초연해야— 유행은 일시적 현상

1) 절은 사회가 시끄럽고 요동치면 적정寂靜해야 하고, 또 사회가 활기를 잃어 침체했을 때는 밝은 희망과 활력을 불어넣어야 합니다. 따라서 절은 마땅히 세상을 지탱하는 균형추 역할을 해야 하고, 사회를 비추는 거울 역할을 해야 합니다. 세상 사람들이 못 보는 것을 보고, 못 듣는 것을 들어야 사회 전체의 균형을 잡아 주고 비춰 주는 저울과 거울의 역할을 할 수 있습니다. (서울광장에서 뜬다고 절에서 대형 스크린을 설치하여 절이 떠

나가도록 축구응원하면 안 됩니다. 그건 절 밖에서 하는 것으로 족합니다.)

2) 그러기에 어떤 명분으로든 절이 세속화되어서는 안 됩니다. 결코 사회의 감각적인 흐름에 편승하여 경거망동해서는 안 됩니다. 한갓 유행을 따르는 세속화는 절의 존재가치를 점점 손상시키고 결국은 아무 일도 할 수 없게 되는 무용지물이 되게 만듭니다. (외부의 적이 만든 일이 아닙니다.)

3) 이에 절은 시대가 아무리 변해도 꿈쩍 않는 산같은 의연한 중심이 있어야 합니다. 부처님 가르침을 지키고 받들기 위해서는, 전통의 가치를 수호하기 위해서는, 산같이 흔들림 없는 보수파가 되어야 하고 타협 모르는 고집쟁이가 되어야 합니다. 유행은 지속적인 가치가 아닌 한갓 흘러가는 허망한 물결일 수가 있기 때문입니다. (어찌, 그 위에 뜬 일엽편주가 되어서야 하겠습니까?)

4) 특히 우리들 출가불자는 엄격하게 자신을 단속해야 합니다. 자칫 방심하면 교묘하게 상相을 내게 됩니다. 언제라도 진실해야 하고, 또 진실하도록 무지무지 노력해야 합니다. 그리고 모범이 되어야 합니다. (참으로 막중합니다. 불교의 흥망성쇠가 출가자에게 달려 있다고 말합니다. 생각할수록 모골이 송연해집니다.)

따라서 오늘날 여러 종교인들 중에서 불교의 출가자들만큼

생활하기 어려운 경우는 거의 없을 것입니다. 우선 행색과 복색이 너무나 드러나기 때문이지요. 물론 좋은 점도 있지만 모범이 되지 않으면 바로 표시가 납니다. 그러므로 출가자들의 정신수준이 일정하게 갖춰지지 않으면 매우 곤란하지요. 득보다 실이 더 많을 수 있다는 겁니다. (매사가 여간 어렵지 않습니다. 그러므로 함부로 세속을 흉내 내서는 안 됩니다.)

5) 가장 모범이 되어야 할 승단의 지도층인 어느 본사, 큰 절의 주지직 소임자가 선방의 동안거에 들어갔다고 매체가 떠들썩합니다. 매우 좋지요. 그러나 당연히 주지직을 다른 사람에게 넘기고 들어가야지요. 주지직이 한갓 이름만의 것이 아닌 바에야······.

6) 하지만 신도들도 일상에서 계정혜를 갖추려고 노력해야 불자佛子이듯이 주지직의 소임을 보면서도 계정혜를 갖추도록 노력해야 사람들이 의지할 진정한 선지식이 되겠지요. 그런데도 언론은 대단한 것으로 떠들어댑니다. 주지의 제일 책무는 전법도생傳法度生의 법회를 빠짐없이 주관하는 일인데도······. (정신없는 언론을 나무라야 할지, 원인제공자인 그 스님을······.)

7) 언필칭 서로 속이고 속는 세상이라고 하더라도 어디 자기자신까지 감쪽같이 속이고 속아서야. 그것도 자기자신의 진실을 찾아 나선 불교의 수행자들마저······. 이렇게 나가면 아마

세상에 믿을 것이 없게 될 것입니다. (허무한 세상이 되겠지요.)

8) 지금 남전 상좌부나 북전 대중부의 가르침의 차이가 중요하지 않습니다. 어느 쪽이 더 우선이어야 한다는 사실보다 서둘러 〈절마다 매주 일요정기법회〉를 개설하여 신앙심을 가르치고 성장시키는 일이 더욱 중요하다는 사실을 우리는 먼저 철저하게 깨달아야 할 것입니다.

9) 불과 얼마전에는 돈점논쟁으로, 지금은 남북방의 수행법 논쟁으로, 법회할 시간과 힘을 소모하고 있습니다. 전국의 모든 절에서 매주 일요정기법회를 개설하여 상설하면 논쟁은 오히려 큰 힘이 될 것입니다. (일에는 순서가 있게 마련입니다.)

10) 남북방의 불교전통이 다른 것은 남방은 상좌부에 뿌리를 두었고, 북방은 대중부에 뿌리를 두었기 때문입니다. 그러므로 그동안 우리 북방은 대중부의 핵심인 공사상의 보살원행을 숭상숭행해 왔습니다. 그럼에도 어찌하여 오늘날 출가불자들은 보살이 아닌 신선처럼 살아야 하고, 재가불자들은 신앙생활이 아닌 취미생활 수준에 머물러야 하는지? 그 까닭을 도무지 알 수 없습니다.

11) 진리적인 생명존재가 '보살' 입니다. 이 말 속에는 많은 뜻이 함장되어 있습니다. 선지식, 선구자, 순교자, 지도자 등

등……. 숱한 이름들의 뜻이 이 '보살'에 와서 온전합니다. 그러므로 한국의 불자들은 애써 선구자나 선각자, 어느 하나가 되지 말고, 의당 보살이 되어야 합니다. 한국불자들은 '세세생생보살도'의 서원이 있기에 태생적인 보살이고 보현행자입니다. 따라서 소위 불교의 사회운동가들이 머물고 있는 자신의 절, 거기에 소속된 신도들부터 우선 깨우쳐 나가야 합니다. 가까운 인연부터 책임지는 것이 보살의 차제의무인 진실수행입니다.(부디, 점차 폭을 넓혀 가세요. 성질 급하게 뛰어다니거나 부평초처럼 떠돌거나 헛된 이름을 앞세우지 말고요.)

교정敎政 분리의 원칙
불자 스스로 앞장 서 지켜야

 1) 교정 분리는 대원칙입니다. 조계종 종정이셨던 성철대종사께서는 저 서슬푸른 시절, 소위 그 무소불위의 대통령이 해인사까지 찾아갔어도 만나지 않았습니다. 그것은 사람이 미워서가 아니라 출가자의 준엄한 법도인 대원칙을 위해서였습니다. 우리는 선현이 세운 이 법도의 가풍을 굳게 지켜가야 합니다. (그런데 조그만 힘 앞에서도 몹시 굽신거리는 모습들…, 무엇을

위해서이며 과연 그것이 겸손이고 하심인지? 눈 똑바로 뜨고 되묻고 싶군요.)

2) 쉽게 불사를 이루려고 하는 안이한 마음은 결코 불심佛心을 실현하는 수행이 아니고 불사가 아닙니다. 상(相 : 성과주의)에 빠지면 누구나 서두르고 쉽게 이루려 허둥대게 됩니다. 진정한 불사는 외부의 도움보다 부처님 가르침에 의한 불자 자신들의 철저한 신앙심으로 이루어 가야 할 것입니다.

3) 오늘날 종교편향의 원인은 쉽게 불사를 이루려는 우리들 자신에게서 먼저 찾아야 근원적인 방안을 마련할 수 있을 것입니다. (이 점 간과해서는 안 됩니다.)

불사를 하고 문화재를 관리 보존하되 불자들이 관리나 위정자들에게 사사로이 청탁하지 말아야 합니다. 오히려 사안에 따라 상대가 제의해도 거절해야 합니다. 법에 의한 정당한 일만 요구해야 절이나 교단이 당당해집니다. 그것이 아무리 대의를 위하는 일이고 관례나 당연한 일이라고 해도 분명 정당성이 있어야 합니다. (불자는 길이 아니면 결코 가지 않아야 할 것입니다. 바르게 살아야 합니다. 외로워도 타협하면 안 됩니다.)

4) 이 점에서 불자는, 특히 출가자는 공공연하게 정당가입이나 특정인을 지지하고 응원하는 일을 금해야 합니다. 철저하게 불편부당해야 합니다. 정당이나 정치모임에 법복 입은 스님들

이 참가하는 일은 정말 삼가하고 또 삼가해야 할 일일 것입니다. 그런데도 자청하여 치우치면 웃음거리가 되고 결국 큰일을 당하게 됩니다. (교단의 위신과 체통까지도.)

5) 알고 보면 세간의 모든 사람이 불자입니다. 불교를 믿든 믿지 않든, 무신론無神論이든 외도이든 종국에는 부처님이 아끼는 사람들이고 자식들입니다. 드러내놓고 어느 편이 되는 일을 삼가야 하는 절대이옵니다. 더욱이나 자신의 이익을 위해서 편 가르는 일, 끼리끼리 모여 작당하는 일은 세간인들도 꺼리는 일입니다. (어찌 하물며 출가자들이…….)

6) 정신을 똑바로 차려야 정법이 지켜집니다. 정법구주正法久住는 불자의 의무이고 본분입니다. 아니, 목숨보다 귀한 불자의 과업입니다. (특히 출가자들에게는 위법망구의 정신으로 지켜가야 할 제1의 수행과제일 것입니다.)

사회정의도 진리실현도 불자는 오로지 불법佛法으로 이루어내야 합니다. 불교적인 방법으로 성취해야 합니다. 혼자의 힘으로 안 되면 자기 절 대중의 힘으로, 종도의 힘으로 하면 될 것입니다. 밖으로 나서기 전에 먼저 내부의 공의公議를 통해 힘을 합하면 매우 잘 될 것입니다. (법회가 공의의 장이니까요. 그러나 먼저 밖으로 나서면 자칫 본의를 의심받게 됩니다.)

7) '아아, 법의 위엄과 법의 권위를 갖춘 종도들, 그 종단의

한마디……'

능히 세상을 깨우칠 것이고 사회의 질서와 정의를 확립할 것입니다. 그런 법의 위엄과 권위도 오로지 법회에서 나온다는 사실을 먼저 깨닫고 사부대중은 매주 법회동참을 위해 절로 달려가야 할 것입니다.

8) '스님'이라는 호칭을 은근히 강요하거나 원하여 자신이 쓰기에 앞서 법의 존엄과 권위를 갖추도록 노력해야 하고, 그 가장 우선적인 노력이 불교사상(法)을 전파하고 강화하는 〈절마다 매주 일요정기법회〉를 개설·상설하는 일일 것입니다. 사회 일각에서 스님들의 행색이나 복색을 보면 뻔히 알 터인데도 짐짓 '선생님', '아저씨', '손님' 등으로 애써 부르고 싶어하는 이유를 알아야 합니다. 그 이유를 우리 내부에서 먼저 찾아야 할 것입니다. '중'이나 '승려'로 부르지 말고 '스님'이라고 불러달라는 협조문을 각 언론사에 보내기 전에…….

9) 환속자를 중도에 포기한 퇴속자로 생각하지 말고, 세간에 책임져야할 교화인연이 있다는 입장으로 바라보아야 합니다. 그래서 그들을 불교집안의 가족인 재가법사로 대해야 하고, 환속자 스스로도 자긍과 책임으로 꾸준히 신앙심을 키우고 교학을 연찬해야 합니다. 물론 환속자들도 '환속자는 신심이 없다'는 일각의 말은 듣지 않도록 처신해야 함은 당연합니다. 세간

에 '한 번 해병은 영원한 해병'이라는 말이 있는데, 하물며 그 장한 출가의 마음을 일으킨 이상 그 마음이 어디로 갔겠으며, 세간의 그 한마디보다 못해서야 되겠습니까? 마땅히 종단에서는 그들을 정당하게 인정하고 존중하여 불교계 교단에 설자리를 주어야 하지요. 제도적으로 말이지요. 퇴속자라고 격하시키고 중도탈락자라고 도외시해서는 안 될 것입니다.

10) 만약에 지난 정화 때 조금만 더 깊이 생각하고 행동했더라면 오늘의 한국불교는 조계종이라는 단일 종단이 되었을 것이고, 그 안에 독신인 비구승도 있고, 가족을 거느린 교화승도 있어서, 교화승들은 의당 도심포교의 법사로 활약했을 것입니다. 참 절호의 기회였지요. 어쩌면 천재일우의 기회였겠지요. 비유하여 말하자면 이웃 종교인 기독교의 큰 틀안에 천주교가 있고, 개신교가 있으며, 그밖에 성공회나 정교회 등도 있고, 나아가 교파의 갈래도 많지만 우리 한국불교는 하나의 단일 종단 안에 그런 힘과 제도적인 요소를 다 포함할 수 있었다는 것이지요. 환속이니 퇴속이니 따로 구분할 필요도 없이 종단 내에서 비구승으로 있다가도 혹시 가족을 갖게 되면 교화승이 되어 그 역할을 하면 되지요.

물론 정화 당시에는 상황이 다급하여 지금 평화 시에 생각하는 것과는 다르다고 변명하겠지만, 의당 지도자들은 대중과 달라야 하지 않습니까? 분명 달랐어야 하지 않습니까? 그 운동의 방법이 잘못되어 입은 인적·물적 손실은 얼마나 많았습니까? 얼마나 긴 시간을 소모하는 내홍을 겪었습니까? 전법·포교는 아예 손 놓은 채……. 나라와 사회에 도움 주기는커녕 국가발전에 짐이 되거나 사회 안정에 기여를 하지 못하여 전 국민들에게 손가락질과 냉대와 질시를 받으면서……. 얼마나 많은 사람들이 불교를 떠났는지 모를 일입니다.

따라서 어느 때나 지도자는 법의 안목이 있고 경륜으로 다듬어진 미래안이 있어야 합니다. (그러나 오해 마세요.) 지금의 역사적 평가는 정화가 한국불교의 미래운동이 아닌 복고운동에 지나지 않는다고 합니다.

11) 아무쪼록 지난 사실을 교훈으로 삼자는 뜻입니다. 따라서 이 교훈을 바탕으로 오늘의 한국불교 전체를 새롭게 재편하는 방법이나 큰 보살은 없을까요? (우후죽순 같은 백 몇십 개의 이름들을 다시 단일종단으로 재편할 수 있는 대보살 말입니다.)

100여 개가 훨씬 넘는 불교종단이 난립한 오늘의 현실, 개가 코끼리 가죽을 덮어 쓴 것처럼 너도나도 승복을 걸쳐입고 횡행하는 군상(群像)들의 모습이, 한국불교의 풍경이, 너무 안타깝고 억울하고 분해서 하는 말입니다. (이런 기분을 갖는 사람이 어디 저 한 사람뿐이겠습니까?)

11 특별법회가 아닌 정기적인 일반법회를 개설해야
- 이벤트성 문화행사로는 한계가

1) 요즘 불교계의 정황은 본령을 거의 방치한 채 시대의 흐름에 편승하여 너도나도 이벤트적인 행사에만 관심을 기울이고 있는 것 같습니다. 만약 너도나도 앞 다투어 이벤트적인 행사에만 치중하면 불교는 행사하는 종교로 인식되고 절은 이벤트 장소로 전락될 것입니다.(아아, 이 또한 무섭고 두렵습니다.)

2) 먼저 알아야 할 사실은 '문화는 정신'이라는 것입니다. 그

러므로 자본주의 이념은 자본주의 문화를 낳습니다. 불교문화는 불교의 정신, 곧 법法에서 나옵니다. 그러므로 법에 충실하면 불교문화는 저절로 흘러나옵니다. (매우 자연스럽고 쉽지 않습니까?)

3) 우리 불교도들이 문화의 주체들인데도 분별없이 자본주의 문화에 빠져서 종살이를 하거나 허수아비 노릇을 한다면, 마치 개가 코끼리 가죽을 덮어쓰고 있는 것과 무엇이 다르겠습니까?

4) 불교가 원칙 없이 자본주의의 감각과 쾌락적인 소비문화를 따라가다 보면 결국 불교는 없게 됩니다. 그러므로 너나없이 '문화'라는 미명에 빠져서, '첨단'이라는 물질사대와 맹신주의에 빠져서, 함부로 날뛰어서는 안 됩니다. 현상[감각]에 끄달리지 말고 본질[진리]에 관심 둬야 합니다.

우리에게는 수천 년의 문화, 오래된 문화가 매우 많습니다. '불교의식'들 모두 훌륭한 문화입니다. 아직도 모르고 쓰지 않고 방치한 신앙의식들이 얼마나 많습니까? 그런데도 생각없이 세간의 쾌락적인 문화나 서구의 종교문화를 은근히 앞세워서야 되겠습니까. 창피하게스리 문화는 분명 모태가 있어야 하고, 근원이 있어야 제 모습이 있고, 제 모습이 있어야 편안하고 자연스러워 오래갈 것이고 그것이 문화생명일 것입니다.

5) 무엇보다 비뚤어진 자본주의의 세속적이고 일시적인 흐

름에 불교를 적당히 각색하여 재빨리 편승하는 것을 마치 불교의 미래인양 발전인양 오인해서는 안 될 것입니다. (자칫 맹인을 따라 밤길을 가는 집단 꼴이 됩니다.)

6) 특히 명산대찰의 전통 깊은 절에서조차 본래의 자기 역할과 무게를 상실하고 세상의 흐름에 영합한다면, 이는 본말이 크게 전도된 것임을 우리는 잘 알아야 할 것입니다. (본래 덩치 큰 사람이나 나이든 사람이 지조를 잃으면 더 초라하게 보입니다.)

7) 결코 어떤 경우에도 불자 스스로 이 훤한 대낮에 사자 몸의 벌레는 되지 말아야 합니다. 자신을 분명히 살펴야 합니다. 더욱이나 삼보인 출가자는 매사에 매우 주의하고 경계해야 합니다. 정말 진정한 불교문화의 주체가 되어야 합니다. (엄격한 법의 증거자, 철저한 보살행의 중심으로서…….)

8) 재가대중들이나 우리 국민들은 갈수록 살기가 팍팍해지고 시대는 빠른 속도로 변하여 잠시도 마음 쉴 여가가 없습니다. 이제 그들이 진정 의지할 곳이라고는 오직 부처님 가르침 밖에 없습니다. 그러므로 절에서는 당연히 '설법·청법'의 매주 일요정기법회를 성실하게 열어 그들의 삶을 진리의 힘에 의지하게 해야 합니다. 그들이 바른 삶을 살도록 격려하고 응원하며 지혜와 용기를 실어줘야 합니다. 세간에서 부모 모시고 자식 키우며 사람 도리 하는 일이 큰 수행임을 일깨워 주고 정

당성을 확보하여 힘있게 살도록 해야 합니다. (하물며 그깟 세속살이 쯧쯧…… 해서야 되겠습니까) 그들이 다른 편법이나 손쉬운 방편에 마음을 빼앗기게 내버려 두어서는 안 됩니다. 이제 우리 모두 '법회'야말로 불교의 최고 문화라는 사실을 통감痛感해야 하고 자각해야 할 것입니다. 불교는 법회를 통해 세간의 진정한 의지처가 되어야 합니다. (각자의 뼈에 차곡차곡 새겨 넣어 잊지 말아야 합니다.)

9) 다만 매주 일요정기법회가 충실하게 이루어졌을 때, 새로운 프로그램을 개발하여 교육하거나 사회적인 요구를 감안하여 문화예술행사를 다소 수용할 수는 있어도, 지금처럼 마치 경쟁을 벌이듯 이 절 저 절에서 이벤트적인 흥미의, 소위 세간적인 문화행사 위주로만 가는 것은 절의 본분을 망각한 처사라고밖에 볼 수가 없을 것입니다. (정신차려야 합니다. 시급히…….)

10) 어느 때나 우리는 정신차려 전통의 가풍家風을 소중하게 여겨야 합니다. 유구한 불교사의 후예들이기 때문입니다. (그 안에 얼마나 많은 보물들이 들어 있습니까?) 아니, 자랑스런 후손이 되고 싶어서입니다. 나아가 우리 문화, 불교의 진정한 주인이 되어야 하기 때문입니다. (정녕 우리의 후손들을 위해서, '불교와 문화'라는 불이의 진리성 때문에. 본질과 현상의 관계죠.)

11) 따라서, 이벤트 성향의 행사는 법회가 왕성한 뒤에 잠깐

할 수 있는 일이고, 그것도 어디까지나 부수적인 일이어야 합니다. 즉, 이벤트성 문화예술행사는 법회활동을 돕는 보조수단으로 삼아야지 지금처럼 〈절마다 매주 일요정기법회〉는 거의 없고 이벤트만 있다면 불교의 미래가 과연 어떻게 되겠습니까? 아마 삼척동자에게 물어도 뻔한 답이 나올 것입니다. (자칫 어른이 아이만도 훨씬 못해질 수도 있다는 말입니다.)

12) 분명한 것은 그런 이벤트에는 흥미는 있을지언정 신심은 없다는 것이고, 설령 신심이 잠깐 생겨도 지속적으로 커가지 않는다는 사실입니다. 재미만으로는 사람의 무게 있는 인격을 움직이지 못하니까요. (불자는 오로지 부처님 법으로만 자신이나 사람의 인격을 대하고 움직여야 합니다.)

13) 그렇다고 절이, 불교가 이웃이나 사회와 교류하지 말고 담 쌓고 살자는 것이 아닙니다. 충분히 관계를 갖고 교류를 왕성하게 하되, 다만 절은 절 다워야 하고 법法에 근거하고 불교사상에 귀결되어야 함을 강조하는 것입니다. (예를 들면 절에는 자비정신의 자비문화가 가장 자연스럽지 않을까 합니다.)

14) 명산대찰의 아아峨峨한 풍광, 고졸한 면모와 자취는 선조들이 피땀으로 물려주신 각장覺場이므로 온전히 법회를 통한 만인의 수행도량이 되어야 합니다. (기껏 동네 놀이터 수준이나 심성 훈련소나 폼잡는 명상센터 수준이 되어서는 안 됩니다. 또한 국

가 홍보시설로 자처하는 행위를 해서도 안됩니다. 어떤 형태로든 명리에 휘둘려 국가기관으로 전락해서는 안됩니다.)

우리 모두 "아아, 법열 충만한 대한민국의 각장(覺場 : 절) 만세!" 이렇게 외칩시다.

2천만 불자가, 전 국민이, 세계 인류가 이렇게 외칠 때가 빨리 와야 할 것입니다. (절은 우리 국민뿐만 아니라 인류의 공유공간이 되어야 하기 때문입니다.)

15) 비록 승경勝景에 자리한 절이어도 경치를 앞세우거나 내세우면 그만 법이 보이지 않습니다. 속 빈 사람이 겉치장만 화려하게 꾸미듯이 절이 너무나 우수꽝스럽지 않겠습니까? 그러나 〈절마다 매주 일요정기법회〉를 하면 승경은 곧 금상첨화가 되고 비단장막 위에 꽃을 뿌리는 일과 같을 것입니다. 법의 힘입니다. 삶에는 선후가 있기 때문입니다. (법은 꽃마저도 시들지 않고 돋보이게 합니다.)

그 때에 사부대중 일제히 소리 높여,

"거룩한 삼보에 귀의합니다"라고 예경하면 그 소리가 시방세계로 울려 퍼질 것입니다.

16) 지금 우리는 출가자가 점점 줄어드는 시대에 살고 있습니다. 그러므로 이제는 사부대중의 공동체를 형성해야 할 때가 된 것 같습니다. 신공동체규약을 제정해서 재가불자들도 절에

서 출가불자들과 함께 살 수 있도록 허용하면 새로운 가능성과 힘이 생길 것이고, 법 중심의 공동체생활이 계속 이루어질 수 있을 것입니다. 특히 가정과 사회적인 의무를 마친 불자들이 부부 함께 절에서 일과수행과 법회동참으로 도 닦고 살면 개인적으로나 국가적으로 큰 이익이 될 것입니다. 이런 일이 소리 없이 사회를 바꾸는 일이 될 것입니다. (공동체 교육을 시켜서, 종단 차원에서요. 신도들도 법당에서 예불할 때는 예복을 갖춰 입어야 합니다. 운동복 차림으로 참석해서는 안 되고, 새벽예불에는 누구나 예외없이 참석해야 합니다. 예불은 그 절 최고어른께 올리는 문안인사이기 때문입니다.)

17) 불자들은 자신의 삶에 질서가 있어야 하고 생활이 정리되어야 합니다. 진리적인 여여한 삶의 모습이기 때문입니다. 먼저 약속한 것에는 우선권이 있습니다. 나중에 더 중요한 일이란 것도 결국 이해타산에 따른 경중과 거기에 따라 순위를 매기는 임의적인 잣대에 지나지 않습니다.

18) 수행자가 아니었던 도산 안창호 선생도 이해타산의 잣대를 떠난 아이와의 약속을 지키기 위해 험지로 갔고, 결국 체포되고 말았습니다. 이미 자신이 예감했고 각오했던 일입니다.(약속이 그만큼 중요했기 때문이죠.)

약속, 먼저한 약속의 우선권, 삶의 원칙과 질서, 생활의 정리

등……. 이러한 것들과 불교의 무상도無上道와는 아무런 관계가 없을까요? (작은 것과 큰 것의 차이? 대답해 보세요.)

19) 불교에는 선거가 없어져야 합니다. 선거는 정신적으로 몹시 빈곤한 집단이 행하는 마지막 수단입니다. 정신적으로 매우 풍부한 불교에서 새로운 소임자가 필요할 때는 추대나 추천, 권유나 권청, 의무나 임명 내지 부촉으로 정해야 합니다. 특히 부촉은 부처님께서 행하셨던 전거입니다. 그런데도 작당이나 패거리 형성을 전제로한 선거제도를 도입한 것은 저 보살승족勝族이 스스로 천민賤民을 자청한 꼴입니다. 분명한 것은 그런 천출賤出은 천행賤行을 일삼는다고 하는 거지요. 선거의 결과를 보세요. 어처구니 없는 일입니다. (하물며 황제 자리도 버리고 출가를 했는데…….)

20) 이래도 말썽, 저래도 말썽이라면 차라리 고집스럽고 꿋꿋하게 전통이라도 지켜 나가야지요. '부촉'으로 말입니다. 누가 부촉하느냐고요? 각 절에는 노덕老德이 있고, 각 본사에는 원로元老가 있으며, 종단에는 그들의 연합체가 있지 않습니까. 대원칙만 굳건하게 정하면 방법은 너무 많아서 또 탈이 되겠지요. (부디, 천박한 생각을 앞세워 조상의 전통을 함부로 바꾸려 하지 마세요. 남사스럽습니다.)

12 살기 바쁘다는 이유로 신앙생활(聽法修行)을 가볍게 여기는 세간풍조

1) 불자가 바쁘다는 이유로 신앙생활을 소홀히 할 수는 없습니다. 불자신앙은 물질과 시간, 감각적인 것에 대한 자기절제와 본능의 조절, 세속적 즐거움(쾌락)에 대한 양보와 희생(?)을 감수해야 지켜지고 성장해 갑니다. (오욕락을 떠나는 것이지요.)

2) 그러므로 불자는 삶의 목표를 명확히 설정하여 생활에 우선순위를 매겨 질서를 세우면 일상이 마냥 바쁜 것만은 아니고, 시간이 없는 것만도 아닙니다. 우선순위의 자기정리 없이

닥치는 대로 살다보니, 하는 일 없이 바쁘게 되어 정작 해야 할 일은 못하게 되고, 결국 세월만 허송하고 맙니다. 알고 보면 '바쁘다'는 말은 유능하다는 뜻이 아니고, 매우 부끄러운 말입니다. 성찰과 정리와 원칙이 없는 인생들이 마구 쏟아내는 말이기 때문입니다. 혼돈의 말, 불자들이 쓰지 않아야 할 말입니다. ('정신없다', '바쁘다', 툭하면 '죽겠다'는 따위의 저속과 혼란의 말은 불자가 입에 담지 말아야 할 것들입니다.)

3) 또 피곤한 몸을 쉬느라고 법회〔절〕에 못 간다고 하는 것은, 진정한 휴식은 마음이 새로워져야 한다는 사실을 모르고 하는 매우 부족한 말입니다. 불자는 신앙생활〔법회동참〕을 통해 피곤을 물리칠 수 있는 힘을 얻습니다. 삶의 지혜와 용기를 얻습니다. 법회동참〔청법수행〕은 마음을 새롭게 하는 가장 뛰어난 방법입니다. (법은 일상의 근본이고 삶의 원천이기 때문입니다.)

4) 그러므로 불자는 일상생활의 순서를 절도 있고 규모 있게 짜서 쉬는 날이면 온 가족이 함께 법회 가는 원칙을 세워야 합니다. 자발적인 마음이 미흡할 때는 가족의 의무사항으로라도 정하여 실천해야 합니다. 분명한 것은 세속적인 쾌락과 불자의 신앙생활은 양립할 수 없고, 한꺼번에 다 누릴 수 없다는 사실입니다. 이에 불자는 진리에 대한 남다른 신념과 용기를 가져야 할 것입니다. (아, 진정 자신을 위해서 세상을 위해서…….)

13 결혼식이나 잔치는 평일 저녁시간으로

1) 현대인은 삶에 쫓겨 거의 누구나 피곤해 합니다. 그러므로 삶을 살아가는 근원적인 힘을 부처님 가르침에서 얻을 수 있도록, 이웃과 친지, 지인들이 참석하는 결혼식 등 축하행사는 법회가 열리는 토요일이나 일요일을 피해 선택하면 좋을 것입니다. ('월, 화, 수, 목, 금'의 저녁시간 — 행사하기 좋은 때)

2) 본래 결혼식은 밤의 축전으로 치러져 왔기에 평일 오후

퇴근 무렵에 식을 올려도 무방합니다. 저, 인도 등 많은 나라에서는 이미 오래전부터 그렇게들 하고 있습니다. 하객들이 하루 일과를 마친 퇴근 시에 홀가분한 마음으로 결혼식에 참석하여 편안하고 넉넉하게 축하하고 혹시 저녁공양 한 그릇이라도 접대를 받으면 여러 가지 좋은 점이 많을 것입니다.

3) 우리 불자들이 이 일에 앞장서야 합니다. 평일이면 5일이라는 충분한 날짜가 있어서 주말이나 공휴일의 의례적인 겹치기 인사를 한꺼번에 몰아서 하지 않아도 될 것이므로 진정한 축하의 뜻을 차분하게 나눌 수 있을 것입니다.

4) 또한 혼례식을 가족이 다니는 절에서 하면 젊은 부부가 일생을 살아가면서 더욱 부처님 가르침에 의지하게 되고, 부부 서로 좋은 도반이 될 것입니다. 이는 인간사 아름다운 일로, 분명 새로운 불교풍속도가 될 것입니다. 불자 부부― 지상 최고의 도반입니다. (아마 성불이 열 배는 빨라질 것입니다.)

5) 신혼여행은 불교성지순례로 경건하고 진지하게 하면, 현자나 성인을 잉태할 겁니다. 불자부모가 살짝 귀띔하세요. 인간은 쾌락의 존재가 아니라고 하는 사실을 신혼 불자부부는 먼저 이해하고 공감해야 합니다. 이는 도반으로 서로에 대한 기본적인 예의이고 마음자세이지요. (나무아미타불)

14 사회지도층 불자들과 법사, 불교학자들의 솔선수범으로

1) 사회지도층에 있는 지식인 불자들과 불교계의 지도적 위치에 있는 법사나 불교학자 등의 재가불자들이 가족과 함께 매주 일요법회에 동참하여 솔선수범으로 '청법수행聽法修行'을 닦아 신앙심을 키워 가야 합니다.

2) 사회적인 활동이 클수록 부처님 앞에 자주 서야 자기를 지킬 수 있고 직분에 충실한 이바지가 됩니다. 진리의 거울에

자신을 비추어 보는 것은 불자의 본분사입니다. 또한 지도자의 덕목이며 필수사항입니다. (지도자의 길은 법을 듣는 일로부터)

3) 물론 집에서 혼자 수행할 수도 있겠지만 대승의 보리도를 닦는 사람은 항상 대중과 함께 나아가야 합니다. 이것은 수행 이전에 사회지도자〔스님·법사·불교학자·불자지성인 등〕로서의 기본요건이기도 합니다. 더욱 중요한 것은 불교의 근본이 '대중-공동체'라는 사실입니다.

4) 또한 아직까지 우리 국민들 생각 속에는 보이지 않는 티끌처럼 미세한 찌꺼기가 남아 있습니다. 바로 근세조선시대가 남긴 억불훼불의 잔재입니다. 이 불행한 찌꺼기를 서둘러 말끔하게 씻어내기 위해서는 지식인 재가불자들과 사회지도층에 있는 불자들의 용맹정진이 절실하게 필요합니다. 오늘의 대한민국, 이 대명천지 밝은 세상에 아직까지 조선시대 억불훼불의 미망迷妄이 곳곳에 남아 있다는 것은 참으로 슬프고 통탄스런 일이 아닐 수 없습니다. (부디, 머뭇거리지 말고 앞장서야 합니다.)

5) 또한 암울하게 우리 불자들을 둘러싸고 있는 부정적이고 소극적인 생각들 — , 사명감의 결여와 무책임, 역사의식과 봉사정신의 희박, 명예를 앞세운 세속주의, 오류와 오해, 비뚤어진 관행과 관습, 무의식 가운데 흐르는 자괴와 열등감, 죄의식과 업타령〔신세한탄〕, 이기주의와 사행심…… 등등.

이런 것들도 이제 남김없이 내다버려야 합니다. 서둘러 척결하고 무자비하게 소탕해야 합니다.

6) 사회적으로 필요한 여러 운동들, 현재 벌이고 있는 숱한 운동들, 사실 불교 안에 다 포함되어 있습니다. 불교의 진리는 원만구족이기 때문입니다. 그러므로 불교의 가르침만 잘 수행하면 따로 무슨무슨 운동을 벌일 필요도 없습니다.

마치 불교에 없는 것을 새로 보충이라도 하듯, 남이 모르는 것을 혼자 안 것 같은 선각자의 모습은 이제 제발 그만두어야 합니다. 출가불자나 재가불자나 공히 착각에서 깨어나 오로지 불자본분인 법회에 충성을 다하면 될 것입니다. (여타의 사회운동은 저절로 이루어집니다. 불교의 목소리는 큰 우레가 됩니다.)

7) 작금의 무수한 운동들은 마치 자신이 가지고 있는 금덩이는 모르고 남이 갖고 있는 돌덩이를 취하려는 우매한 짓과 같아 보입니다. 무가보無價寶의 보물을 이미 가지고 있으면서도 알지 못하고 쓰지 않아서 없던 것으로 되었지 실제 없었던 것은 아닙니다. 우리의 현실을 보면 왠지 가장 귀한 보물은 밖에 있지 않다는 선현들의 말씀이 자꾸만 생각납니다. (이 말씀을 알고도 실천이 없으면 아예 없는 것이고 까맣게 모르는 것입니다.)

8) 사회의 요구사항과 필요사항이 많을수록 우리는 더욱 불교의 본분사에 충실해야 할 것입니다. 거기에 다 있습니다. 사회적인 대의는 불교도들이 앞장서면 저절로 됩니다. 이것이 한국불교 전통의 대각행원구국구세 운동입니다.

9) 특히 지도적 위치에 있는 출가불자들은 이 점을 깊이 인식해야 합니다. 자신들이 몸 담고 있는 절에서, 종단 안에서 무슨 일이든지 먼저 공감대가 형성되어야 한다는 사실이지요. 자기 집안은 방치해 두고 남의 일에 간섭하는 것과 같은 몰염치한 도리에 어긋난 짓은 얼른 중지해야 합니다. 체면손상은 둘째치고 부끄러운 일이기 때문입니다.

10) 그러므로 출가와 재가의 사회지도층 불자들은 진리에 대한 예리한 눈과 불교에 대한 절실한 책임감으로 우리들 의식에 깊게 드리워진 어둠의 그늘을 차례차례 모두 벗겨 내야 합니다.

사회지도층의 모든 자각자들은 일부 국민들이 역사의 무지와 현실인식에 대한 착각의 어둠에서 완전히 벗어날 수 있도록 앞장서는 오늘의 보현보살이 되어야 할 것입니다.

11) 이 시대의 보현보살을 자임自任한 불교지성인들과 사회지도자들은 건실한 신앙생활로 불자대중 앞에 우뚝 서서, 무엇에도 두려워하지 않는 코끼리처럼, 비불교적인 일체의 어둠을 깨끗하게 청소하여 남김없이 소탕하는 일에 용기 있게 나서야 할 것입니다. 장관이나 국회의원, 사장·회장의 직職보다 더 우선인 것이 불자佛子 직職입니다. (법회동참)

12) 우리나라의 모든 불자들이 가족과 함께 외식을 할 때 합장하여 공양기도를 올린다면 주변 사람들에게 큰 감화를 줄 것

입니다. 그때 약식 식당작법인,

'대자대비 부처님, 크신은혜 이공양, 일체중생 발보리, 마하반야바라밀'의 공양기도를 조용하게 올리고 식사하는 모습을 주변에서 바라보게 되면 식사에 대한 국민들의 자세와 분위기가 확—, 달라질 것입니다. (국민들에게 식사예법을……)

이 점도 사회지도층 불자들이 앞장서면 파급효과가 한층 클 것으로 봅니다. 일상의 일부터 말입니다. 부처님 가르침의 일상화가 진리실천입니다. (사실, '생활불교'니 '현대불교'니 '대중불교'니 하는 상대적인 용어는 가급적 피해야 할 것입니다. 불교의 가르침 상……. 언어를 절제하고 알맞게 써야 합니다.)

13) 부처님의 가르침이 우리 사회와 인류의 지도이념으로 기능하기 위해서는 지성인 불자들의 대중과 함께 하는 신앙생활이 꼭 이루어져야 함을 거듭 간곡히 호소합니다.

불교에 대한 호감 정도의 신앙이나 은둔에 가까운 수행, 이런 나 홀로의 수행이나 신앙수준으로는 결코 부처님 대비구세의 원력바다에 뛰어들 수가 없습니다. 또한 불자를 떠난 지식인으로서도 사회적인 책임을 다할 수 없고 면할 수도 없습니다. 어서 빨리 모든 불자가 부처님 대원해에 동참해야 합니다. 특히 사회지도층 불자가 앞장서서 저 부처님 대원해에 첨벙— 뛰어들어 동참해야 할 일입니다.(오욕락을 용기 있게 버리고)

14) 예부터 출가법도는 상좌가 법을 설해도 스승은 청법대중

聽法大衆이 되어 무릎을 꿇고 법을 경청했습니다. 법은 모든 권위를 능가합니다. 이처럼 재가는 출가를 법으로만 대해야 합니다. 출가자에게 경배하는 것은 인격체가 아닌 법에 경배하는 것입니다. 인간적인 친분이나 세속적인 기준으로 대해서는 안 됩니다. 상대의 인품을 보기 전에 먼저 법을 찾아 봐야 합니다. 이 점은 출가와 재가를 포함한 불교의 여여한 법도입니다. (이로써 이보二寶에만 귀의한다는 말은 영원히 없어져야……)

15) 특히 불자佛子라면 의무적으로 불교성지순례를 해야 할 것입니다. 해외여행을 마치 이웃집 드나들듯이 하면서도 정작 불교성지순례를 소홀히 하는 것은 무엇으로도 변명이 안 됩니다. (이 일에도 지도자들이 용기있게 앞장서야 합니다.)

지도자급 스님들이나 재가불자들, 순례에 대한 엄숙한 책임이 있고 그 책임을 응당 져야 합니다. 이는 매우 중요한 불교의 신앙문화입니다. 또한 현실의 신앙척도를 나타내는 일입니다. 당연히 불교신앙의 출발지로 삼아야 합니다.

16) 한국 불교도의 의무적 성지순례는 첫째, 인도불교 8대성지와 둘째, 전법과 구법의 담마로드가 될 것입니다. 담마로드 중에서 인도에서 중국, 한국으로 오는 길은 '전법의 길'이고, 한국에서 중국을 거쳐 인도로 가는 길은 '구법의 길'이므로 순서에 맞게 하면 좋을 것입니다. '전법·구법'은 동시성의 말로써 바로

불자신앙입니다. 그러므로 불자는 가능하면 해외여행을 불교와 관련 있는 곳으로 찾아가서 신앙을 키워가야 하리라 봅니다.

17) 예불은 하루 세 번 부처님께 올리는 기도이자 절집안 최고 어른에 대한 세 번의 문안인사입니다. 그러므로 누구나 빠짐없이 정성껏 매우 당연히 참석해야 합니다. 다만 사시공양 예불 시에는 '마지 종소리'가 울리면 사내의 전 대중이 각자 하던 일을 멈추고 그 자리에서 대웅전을 향하여 합장하고 〈삼귀의와 반야심경 독경과 사홍서원〉을 차례로 하면 어떨까요? 이는 불과 10분 미만의 기도겠지만 신앙적인 의미와 그 공덕은 시공을 초월할 것입니다.

따라서 아침저녁에는 전 대중이 법당에 모여서 예불을 올려야 할 것입니다. 불자들의 일상생활의 시작과 마무리는 항상 우리와 함께하는 부처님과 성현들께 문안인사로 짓습니다. 이는 승족勝族의 오래된 가풍이지요. (천출은 못 합니다.)

18) 하루 세 번의 예불시간은 종단에서 정하여 전국적으로 일제히 시행하면 더 좋을 것입니다. 그러면 재가불자들도 각자 집에서 그 시간에 맞추어 예불과 기도를 올리게 될 것이고, 설령 밖에 있어도 그 시간이 되면 각자 형편에 맞추어 적절하게 예불하면 됩니다. (주변에 불편이 없게스리…….)

19) 스님들은 신도들에게 '복 받으라'는 축원을 하기에 앞서

'복 받을 행'에 대해 모범을 보이고 가르쳐야 합니다. '복 받을 행'은 하지 않는데 축원만 자꾸 하면 어찌 되겠습니까? 바로 기복이죠! (자칫 웃기는 일이 되겠죠. 스스로 예불하고 기도하고 선행하는 일……. 作福·修福의 일, 진정한 축원입니다.)

20) 작복作福, 수복修福— 지하철이나 거리에서 도움을 요청하는 분들을 외면하지 말아야 합니다. 그동안 한없이 똑똑한(?) 생각으로 짐짓 고개를 돌려 피했더라도 이제부터는 그 분들과의 금생인연을 깊이 있게 생각해야 합니다. 우리 사회가 그분들과 정신적으로 물질적으로 관계를 가져야 합니다. 부디, 모든 스님들과 신도들, 그분들에게 정중하게 보시한 뒤 합장하여 기도해야 할 것입니다. "건강하고 힘내세요!" 하고…….

우리는 이처럼 큰 힘 들이지 않고 얼마든지 좋은 일 할 수 있습니다. 불자는 복 짓는 일을 열심히 해야 합니다.

21) 우리 불자들의 생각은 한 없이 크고 깊어 다 표현할 수가 없지만 현실적으로 나타낼 때는 반드시 이성적理性的이고 지성적知性的이어야 합니다. 인간의 이성과 지성은 반듯한 그릇과 같아 무엇이든지 담아 내기가 좋습니다. 그런 이성과 지성도 오랫동안 연습하고 훈련해야 하며 스스로 끊임없이 추구해야 몸에 익게 됩니다.

15 우리 종단의 으뜸불사
- 신앙생활, 불자의 믿음[信仰]은
부처님의 대각행원大覺行願

1) 우리 한국의 이천만 불자들이 매주 일요정기법회 날이 되면 새 옷을 차려입고 절에 가느라 거리마다 골짜기마다 야단법석野壇法席으로 인산인해를 이루어야 할 것입니다. 이는 의당 우리 모두가 대각행원으로 가는 길[大道]이며 구국구세의 길이매, 역사를 빛낼 대한민국시대 불교의 목표이며 불자들이 짓는 광작불사입니다. 불자의 믿음[信仰]은 부처님의 대각행원이며,

불자의 최우선 불사는 '전법·전도'의 중생구제이기 때문입니다. (집짓는 일이 아님.)

2) 그러자면 무엇보다 신앙생활의 원칙이 살아 있어야 하는데, 이는 시간 있으면 법회(절)에 가고 바쁘면 못 간다는 취미생활 수준을 빨리 벗어나는 일입니다. 만약 신앙생활을 취미활동 정도의 수준으로 여긴다면, 진리의 주인공으로서 자신의 인격을 심화시킬 수 없으며, 도저히 불성의 구현자가 될 수 없습니다. 불자가 되어서 생사의 어둠을 벗어날 수 없고, 마침내 죽어야 하는 허무한 인생으로 끝나고 만다면 본무생사本無生死의 불법은 누가 증거해야 합니까? (불자는 무슨 이익을 얻겠습니까.)

3) 바야흐로 이제 절에서는 '매주 일요정기법회'를 서둘러 개설해야 하고, 재가에서는 신앙생활의 자세를 하루바삐 확립해야 합니다. 그리하여 한국의 모든 불자들이 청법수행으로 불심을 드러내서 보살행으로 뻗어 나아가야 합니다. 바로 이것이 우리 종단 제일의 불사목표가 되어야 합니다.

4) 어느 시대, 어느 집단에서나 지도자에게는 미래안이 최우선 자격요건입니다. 우리 종단은 무비의 천안을 갖춘 미래안이 있어야 하고, 종단 지도자인 선지식들은 법에 대한 바른 안목인 정안正眼과 역사를 살피는 선견지명의 미래안이 있어야 합니다. 나아가 오안五眼을 갖추어야겠지요. 마침내 그런 자랑스

런 선지식들을 불자들이, 국민들이, 온 인류가 눈 감고도 따라가겠지요. 그런 집단이 되어야지요. 그것은 선지식 자신의 복임은 말할 것도 없고 이 나라 이 민족의 복이고 인류의 복이 될 것입니다. 안목 갖춘 지도자〔도인〕의 등장과 그 보살행이…….

  5) 불교역사를 배워야 합니다. 배움을 통해 역사를 통해 무엇을 잃고 무엇을 못했는지 알아야 하고 깨달아야 합니다. 깊은 도가 없어도 상식은 있어야 하고 교양을 갖추어야 하며 건강한 생활은 있어야 합니다. 오로지 도 하나만 있으면 다른 건 없어도 괜찮다고 하는 생각은 자칫 '막가파'가 될 수 있고 매우 위험할 수 있습니다. 전부 아니면 전무라는 방식보다 평범하지만 차근차근 갖추는 것이 더 우선 되어야 합니다. 특히 불교역사를 배워서 두 번 다시 오류를 범하지 말아야 합니다. 스님들일수록….

16 〈절마다 매주 일요정기법회〉는 종책宗策으로 뒷받침되고 제도화되어야

1) 이 불사를 성취하기 위한 가장 좋은 방법은 각 절의 주지가 사명감과 원력으로 앞장서서 〈절마다 매주 일요정기법회〉를 스스로 개설하여 상설하는 것이고, 여의치 못할 때는 종책으로 뒷받침하고 제도화하는 것입니다. 훌륭하신 종단 지도자들이 〈절마다 매주 일요정기법회〉 개설에 대한 중요성을 제대로만 인식한다면 여러 가지 방안이 있을 것입니다.

2) 중앙집중 형태의 우리 종단조직은 이런 일에 매우 적절하고 남이 쉽게 흉내낼 수 없는 장점이 있습니다.

3) 이와 같이 하여 각 절마다 법회를 열면 처음에는 다소 미흡하더라도 세월을 통해 꾸준하게 성장할 것이고, 나아가 이 일이야말로 한국불교의 진정한 '중흥·중창'의 불사가 될 것이라는 것은 이미 누누이 밝힌 대로입니다.

4) 한국불교의 신앙심을 총체적으로 강화해 나가기 위해서는 무엇보다 교과서가 중요합니다. 반야지혜의 교과서가 『금강경』일진대 행원실천의 교과서는 『화엄경』의 별행본인 〈보현행원품〉이 되어야 한다고 생각합니다. (간절히 읍소합니다.)

5) 반야지혜나 대원대행의 출처가 결코 다른 것은 아니지만 현실적으로 말하자면 이는 수레의 두 바퀴와 같습니다. 우리 조계종 소의경전에 〈보현행원품〉을 추가하여 불자들의 온전한 신앙생활이 되게 해야 함을 거듭 간곡히 권청합니다.

"종단의 눈밝은 지도자들이시여, 부디, 다른 곳보다 여기에 그 밝디 밝은 두 눈을 활짝 열으소서! 시급히 열으소서!

나무 석가모니불."

17 현 조계종단이 대한민국 역사발전에 이바지할 진정한 역할

1) 종교학자들이 각 종교의 특색에 대해서, 사상이 두드러진 종교(유교)와 신앙을 강조하는 종교(유일신: 神敎)로 나누는데, 불교는 사상과 신앙을 동시에 잘 갖추고 있는 특출한 종교라고 말합니다. 이는 우리 자신들도 미처 몰랐던 점입니다.

2) 불교의 이 뛰어난 특장特長을 잘 살리고 발휘하기 위해서는 법회를 통해서 불자들을 끝없이 깨우쳐 자각생명自覺生命의 무한한 삶으로 살아갈 수 있도록 종단이 나서서 불자들을 잘

인도하고 적극 도와주어야 합니다. (보호해야 합니다.)

3) 또 '설법·청법'의 〈절마다 매주 일요정기법회〉를 통해 풍부한 불교용어와 어휘를 마음껏 써야 합니다. 언어를 통해 불자들의 생각은 점점 깊어집니다. 출가자들은 한층 깊은 신심과 높은 사명감으로 법의 중심이 되고 증거자가 될 것이며, 재가자들은 간절한 신앙심과 무한한 상상력으로 이 땅의 보살이 되어 대한민국의 역사발전에 크게 기여할 것입니다. (언어의 중요성은 가히 표현불가입니다.)

4) 우리의 얼과 사상이 담긴 우리의 말도 우리가 쓰지 않아 남이 쓰고 있는 것이 그 얼마나 많습니까. 본래의 뜻을 왜곡하면서……. 언어를 빼앗기거나 잃어버림은 결국 혼(魂: 정신, 얼)을 빼앗기는 것입니다. 이는 일제강점기 때만의 일이 아니고 현재 우리 불교가 처한 당면 과제의 중요한 일입니다. 이제 매주 일요정기법회를 통해서 불교의 정채어린 언어를 만방에 빛내야 합니다. 언어철학의 무게를 책임져야 합니다. 그래야 불교정신이 섬광처럼 시방세계로 퍼져나갑니다. (동시에 이미 찬연히 빛나고 있음도 알게 될 것입니다.)

5) 나아가 어린이와 청소년 법회도 동시에 활성화될 것입니다. 정기적인 일반법회가 없이 다만 어린이 포교와 청소년 포교의 중요성만 강조하여 따로 법회를 개설한다고 해도 곧 한계

에 부닥치게 될 것입니다. 이는 성인들을 위한 〈절마다 매주 일요정기법회〉가 상설로 밑받침되지 않았기 때문입니다.

6) 우리 종단은 이 세기적인 광작불사를 성취하는 데 제도적으로 현실적으로 큰 힘을 발휘할 수 있습니다. 자랑스런 오랜 전통에 뿌리를 두었고, 현실적으로 효율성 높은 좋은 제도를 갖추고 있으며, 또한 미래불교의 밝은 청사진을 내 보일 수 있는 인재들이 곳곳에 가득합니다. 이로부터 조계종단은 우리 대한민국과 세계인류의 빛이자 희망이고 불자들의 자부심이 될 것입니다.

7) 그렇게 되기 위해서는 종단의 큰 축인 스님[비구·비구니]들의 생각과 행이 중요합니다. 특히 스님들은 문화라는 미명에 현혹되어 본말을 전도하면 안 됩니다. 자본주의 문화는 감각을 바탕으로 하고 있음에 각별한 경계와 주의를 기울여야 합니다. (오히려 불교를 통해 문화의 수준을 높혀야 하지요. 고개숙인 채 마냥 따라만 가지 말고……. 추종자는 노예입니다.)

8) 불교문화는 오로지 불교의 법(法: 진리)에서 나온다는 사실을 똑바로 인식하여 오직 법[진리]을 펴는 일에 온 힘을 쏟아야 합니다. 바야흐로 차원 높은 불교문화는 저절로 꽃피게 됩니다. 문화는 정신의 또다른 말이니까요.

9) 무엇보다 거듭 명심해야 할 일은 스님들이 앞장서서 탐미

적인 문화귀족이 되어서는 안 되고, 소비성의 향락적인 문화나 존재감의 과시를 위한 귀족문화의 권위주의에 사로잡혀 대중 위에 군림해서는 몹시 볼썽사나운 모습이 될 것입니다. 이 일을 누구보다 먼저 자각해야 할 사람들이 우리 스님들이라는 사실에 새삼 엄숙해집니다.

10) 무엇보다 문화가 인간에게 끼치는 힘보다 사상의 힘이 훨씬 크다는 사실에 주목해야 합니다. 불교사상은 인류구제의 근원적이라는 확고한 태도와 자세야말로 바람직한 불자신앙입니다. 특히 스님들은 방편인 현상의 '문화'에 관심 두지 말고 오로지 본질인 '법'에 충실해야 하리라 봅니다. (현상과 본질의 차이와 순서를 혼동하거나 헷갈리면 안 됩니다.)

11) 요즘 출가불자 중에서 어인 문화예술가들이 그리도 많은지, 때로는 깜짝 놀랄 때도 있습니다. 도를 닦는 수행자라기보다 개성과 멋을 추구하는 전문예술가라고 해야 할 사람들이 더 많지 않나 착각이 들 정도입니다. 그러나 〈절마다 매주 일요정기법회〉가 중심이 된다면 문화예술은 스님들의 수준 높은 교양이 될 수도 있을 것입니다. (방법이 이렇게 있지 않습니까?)

12) 좋은 뜻으로나 그렇지 않은 뜻으로나 스님들에 대해 사람들에게 회자되는 호칭은, 선승·학승·율승·권승·재승·예승·독승·벽승·잡승·유랑승·건달승·도식승·파계

승·상피승·예언승·명자승 등, 미처 다 헤아릴 수조차 없이 많습니다. 좋든 싫든 그런 호칭의 주인공이 자신도 모르게 되지 말고, 오로지 모든 것을 넘어서는 여법한 삼학승三學僧이 되도록 노력하여 삼학법사三學法師가 되어야 한다고 봅니다. 물론 법회를 위해서이지요. (법회는 삼학을 배우고 닦아가는 장소입니다. 아니, 성인이 출현하는 성소이지요. 또 성인을 만드는 성학이지요.)

13) 오늘날 스님들의 고행은 옛날과는 달라야 합니다. 인류가 이룩한 과학기술문명을 이해해야 하고 과학에 대한 학습을 위해 밤잠을 줄여야 합니다. 이것이 현대 스님들의 고행입니다. 왜냐하면 각 분야 과학기술의 발전은 또 다른 인간정신이고, 불교는 인간정신을 중시하는 가르침이기 때문입니다.

18 종단이나 승단이 안고 있는 모든 문제는 신앙심〔信心〕을 통해 해결 가능

1) 종단이나 승단도 사람들이 사는 곳이기에 문제가 있을 수 있고, 개선해야 할 부분도 많을 것입니다. 그러나 그 때마다 일일이 법을 만들거나 무슨무슨 정화운동을 하거나 서로 삿대질을 하는 행위는 부처님 법에 어긋나는 일일뿐 아니라 이 또한 몹시 볼썽사나운 광경입니다. 자신들의 치부를 내보이는 부끄

러운 일이기 때문일 것입니다.

　더욱이나 각 계파 간에 정략적인 흥정을 하거나 협상을 하는 것, 또는 자기 주장의 당위성을 밝히기 위해 성명을 발표하는 일련의 일 등, 모두 해서는 안 될 매우 비불교적인 일이고 수행자의 품위에 어울리지 않는 한갓 뒷골목의 작태에 불과하다고 봅니다. 불교는 무쟁無諍 화쟁和諍을 근본으로 삼지 않습니까.

　2) 불교적인 문제 해결의 근본방법은 불자의 구분〔出家·在家〕을 막론하고 오로지 신앙심을 키우는 일일 것입니다. 불교집안의 거의 모든 문제가 신앙심 부족으로 인해 발생했으므로 신앙심만 키우면 저절로 문제가 해결될 것은 자명합니다. (불교는 어떤 집단보다 정신적인 분위기가 중요한 집단이지요.)

　3) 불도佛徒들 모두가 '설법·청법'의 〈절마다 매주 일요정기 법회〉에 동참하여 꾸준히 신심을 키우면 다 해결될 수 있습니다. 그래서 법회의 설법은 만병통치약입니다. 출가나 재가나 법 앞에서 순수하면 그 어떤 병도 다 낫습니다. 저절로 치유됩니다. 그렇지 않고 규칙이나 준법에만 의존한다면 이 또한 불교가 세속화되어 가는 무섭고 두려운 일이 될 것입니다.

　4) 그러기 위해서는 종단의 모든 기구를 적극 가동하고 활용하여, 절의 '존재가치'는 법회가 최우선이 되도록 시급히 방안을 마련하는 것입니다. 이는 매우 서둘러야 할 것입니다.

아, 막속급호莫速急乎아!

5) 모든 절에서 〈절마다 매주 일요정기법회〉를 열고 모든 교도教徒와 각 종도宗徒가 청법수행에 동참하면 불교의 모든 분야가 동시에 살아나고 활성화될 것입니다. 삶이 윤택하고 풍성해질 것입니다. 법이 살아 있는 정법국가正法國家가 될 것입니다.

어느 불자나 사이비 겉치레 불자를 굳이 대통령이나 국회의원 만들려고 노력하지 말고 정법국가를 바로 만들어야 합니다. (이 얼마나 명쾌한 일입니까? 저, 전륜성왕은 불자의 바른 믿음에서 출현합니다. 전륜성왕 아쇼까를 보세요.)

6) 불자는 법에 대한 신앙심이 있으면 함부로 행동하지 않고 검소해집니다. 자본주의가 지닌 생리구조에 빠져 버린 현대인의 의식구조 근저에는 소비성의 사치가 자리잡고 있습니다. 불자가 가까이 하여 물들지 말아야 할 곳입니다. 불자가 사치하면 자본주의의 감각적인 노예가 됩니다. 특히 출가자들은 인생상담이니 건강을 앞세운 골프는 심사숙고하여 심각하게 재고해야 하지 않을까요? 세간의 이유는 얼마든지 만들면 되고 붙이면 되니까요. 또 값비싼 차를 타지 말고 값싼 차나 대중교통을 이용하게 승단의 분위기를 조성해야 합니다. 정 안 되면 종법宗法이나 종령宗令이라도 만들어야 할 것입니다. 부귀영화는 세간의 몫이고, 설령 시대의 복으로 출가자가 덩달아 조금 누

린다 해도 세간 사람들이 다 누리고 난 뒤에 복수용(福受用)을 아주 조금씩 해야 한다고 봅니다. 그것도 매우 조심스럽게 살금살금 누려야지(?) 여봐란 듯이 앞장서서 마구 뽐내면서 누려서는 안 됩니다. 왜냐하면 스님들은 근본출신이 걸사(乞士 : 비구)이기 때문입니다. 사람이 자신의 근본출신을 망각하면 곧 죽게 된다고 말합니다. (겁주는 것은 아님) 아, 그 모든 것을 떠나 '비구·비구니', 이 얼마나 자랑스런 호칭입니까.

부처님께서 "어서 오라, 비구여!"라고, 지금 부르고 계시지 않습니까? 비싼차 타고 달려 가렵니까? 부처님 뜻을 가득 안고 허위단심 맨 몸으로 달려가렵니까?

아아, 거룩하셔라, 고귀하셔라! 내 모든 것을 바쳐 지극히 일심으로 "나무 석가모니불"

7) "나무 석가모니불"

이 한마디에도 수많은 뜻이 들어 있고 감당할 수 없을 정도로 감격적이고 감동적인 표현입니다. 우리 불자들은 부처님 생애(불타전: 대자대비)에 대해 열렬하게 학습하고 연구해야 합니다. 우린 분명 조교(祖敎)가 아니고 불교(佛敎)이기 때문입니다. 조사의 행적을 알기에 앞서서 부처님의 생애를 먼저 알아야 신앙심이 커집니다. 특히 출가불자들의 첫 번째 학습과목은 『룸비니에서 구시나가라까지』가 되어야 한국불교가 보다 성숙발전할 수 있을 것으로 생각합니다. 재가불자도 마찬가지입니다. 인격이나 신앙심의 형성에는 시기와 순서가 매우 중요하기 때문입니다. 그리하여야 감각의 노예인 편리주의의 사치성에서 벗어날 수 있을 것입니다.

8) 자본주의의 속성은 편리와 쾌락인데, 이는 현대인의 생활구조가 된 지 오래입니다. 자본주의의 폐해를 극복하는 방법은 근검과 절약의 고전적인 삶의 태도이고, 이를 바탕으로 하는 불교식 자본주의, 또는 불교적인 경제정의가 출현해서 신음하는 인류와 지구를 구해내야 합니다. 법회로만 가능하지요.

9) 저, 공산주의는 인간성 억압으로 창의성을 말살시켜 이미 종말을 고했고, 자본주의는 인간에게 무한경쟁을 부추겨 지구의 파괴로 인한 인류의 생존자체를 위협받게 하였습니다.

이제 불교식 불이不二의 일체유심조가 등장하여 지금까지의 모든 실험과 잘못을 한꺼번에 종결시켜야 합니다. 대각행원구국구세로 말입니다. 이는 우리 교단이 우리 종단이 시급히 자청·자임해야 할 구세불사입니다. (부처님의 뜻입니다.)

10) 또한 〈절마다 매주 일요정기법회〉를 개설하여 사부대중이 법회에 충성하면 모든 스님들의 수준이 크게 향상될 것입니다. 종단의 그 어떤 승가교육 못지않게 비약적이고 자발적인 향상이 나타날 것이라고 봅니다. 법사가 대중 앞에서 설법한다는 것은 가장 먼저 자기가 자신에게 설법하는 것이 되니까요.

진즉부터 각 〈절마다 매주 일요정기법회〉를 상설하여 법사를 받들었더라면 스님들의 공부가 더욱 깊어짐은 말할 것도 없고 한국의 국가수준이 크게 높아졌을 것이고 민도가 눈부시게 향상되었을 것입니다.

우리는 남을 가르치다 보면 자신이 먼저 배우게 된다는 평범한 사실을 스스로 알게 되며, 또한 이것이 가장 중요한 인간교육이라는 것을 깨닫게 될 것입니다. 바라옵건대 종단대계를 염원하는 각처의 큰스님들께서는 그 뛰어난 능력과 높은 안목으로 이 점을 통찰하시옵기를 일심으로 간구합니다.

"〈절마다 매주 일요정기법회〉 원만성취 사바하!"

11) 또한 스님들은 우선 자재自在해야 합니다. 쪼다(?)가 될 때는 엄청난 쪼다[調達: 데바달다의 와전과 변형]가 되어야 하고, 통이 클 때는 우주보다 더 커야 합니다. 다만 법을 위해서, 법을 따라서이지요. (절대 자신의 기분을 따라서가 아닙니다.)

결코 출가승단이 들뜬 도거심에 사로잡힌 기분파들의 소위 자칭 잘난 집단이 되어서는 안 될 것입니다. 법法이 기분에 파묻혀 그만 '불법不法 · 무법無法' 천지가 되기 때문입니다.

그것보다는 차라리 평범하여 매우 옹졸하다시피한 쪼다가 훨씬 낫지요. 불전금 한 푼도 함부로 못쓰는 지지리 못난 쪼다가 천만번 낫지요. 그런 인사는 적어도 법을 자신의 기분에 파

묻어 매장시키지는 않을 테니까요. (잘나신 기분파님들, 부디 쪼다가 되어주세요. 불교의 장래를 위해서…….)

변하지 말아야 할 것(常)과 변해야 할 것(無常)에 대한 종단적인 판단

1) 우리 종단은 이 시대 불교도의 중심으로 두 가지 가치관을 동시에 추구하고 결정해야 합니다. 오로지 법으로 사회에 이바지 하고 나라와 세상을 이끌어 가기 위해서이죠. 그 하나는 '변하는 가치관'의 추구이며 다른 하나는 변해서 안 되는 '항구적 가치관'의 추구입니다.

2) 우리 불교가 정작 변하지 말아야 할(常) 항구적인 가치관

은 절에서 정기적으로 법회를 상설하는 것과 양질(無相)의 봉사헌신, 보살행입니다. 특히 봉사헌신은 모든 수행자들의 본분으로서, 일시적 감흥이나 이름 알리는 수단으로 전락하면 대중으로부터 외면당하는 큰 화를 초래할 것입니다.

3) 또 인간진실에 대한 항구적인 추구입니다. 부처님에 대한 신앙심 강화나 스승 존경과 어른 공경은 인간으로서의 기본적인 믿음과 의리와 질서를 바탕으로 한 불변의 진실입니다. 이는 불교의 보살인격을 꾸준히 연마하고 형성해 전통적인 인간관계를 회복하는 일이기도 합니다. 생각해보면 불변의 가치관은 이 밖에도 많습니다.

4) 변해야 할 것은 사찰운영방식에 대한 개선입니다. 이는 결국 변하는 것(無常)이 진리라는 믿음아래 근본으로 돌아가는 길입니다. 변하되 반드시 근본으로 방향을 두어야 하는 것이지요. 변한다고 하여 진리와 멀어지는 것은 추구해야 할 가치가 아닙니다. 그래서 바꾸어야 할 것은 적절히 바꾸는 것이 오히려 진리를 실현하는 슬기로운 일이 될 것입니다.

예를 든다면 문화재관람료 같은 일 말입니다. 이대로 마냥 두어서는 안 될 것입니다. 마땅히 시대정신에 따라 바꾸어야 합니다. 바야흐로 사찰운영에 새로운 방안을 찾아야 할 때입니다. (용기 있는 결단은 원칙에서 찾아야 할 일입니다.)

5) 사실 그동안 절에서 입장객들로부터 문화재관람료를 받았어도 문화재에 대한 설명 한마디나 그 어떤 배려도 없었습니다. 여기에 대한 다수의 사람들 마음에 문화재관람료에 대한 이미 다른 흐름이 형성되었는데 그것을 막는다고 끝까지 지켜지기는 어려울 것입니다. 어쩌면 이 일은 '변해야 산다'는 말이 맞을지도 모릅니다.

6) 사찰운영 방식의 개선은 누구에게나 쉬운 일은 아닐 것입니다. 종도宗徒 모두의 의견수렴과 대결단으로 일대전기를 맞이해야 하는 각오가 있어야 가능하지 않을까요. 논의를 통해서 공의公議가 되어야 할테지요. 그러나 이것도 원칙에서 찾아야 합니다.

7) 또한 절을 찾는 국민들에게 불교에 대한 기본적인 예의를 갖추도록 계몽하고 배려하는 일도 당연히 절에서 해야 할 일입니다. 변해야 할 것, 바뀌어야 할 것을 찾으면 이 밖에도 많습니다.

8) 사람에게는 경험에 의해 통하는 것이 많습니다. '어려울 때일수록 원칙을 지키고, 급할수록 돌아가야 한다'는 말이 그 중에 하나입니다. 비록 사회의 변화로 인해 삶의 방식이 많이 바뀐 시대가 되었어도 불교계는 좀 더 의연해야 하고 거기에 따라 품위 있게 행동하며 주변이나 시대를 살펴가며 천천히 개

선해야 합니다. 서둘러 바꾸면 결국 처음과 같아집니다. 이는 어리석은 일이지요. (지혜를 목숨처럼 여기는 가르침에서 번연히 두 눈 뜨고 어리석음 속으로 걸어가서야 되겠어요. 쯧쯧…….)

20 불교의 미래는 불자 스스로가 만들어야
- 저, 티베트인의 열렬한 신앙심을 본받아야

1) 한국불자들의 신앙심이 제대로 자라지 못한 여러 요인이 있지만, 내부적으로는 법회의 불충실과 또 소위 정화 이후 몇몇 불교학자들에 의해 일방적으로 불교신앙이 무속 수준의 기복신앙으로 매도당했고, 외부로부터는 이교도들에 의해 우상

숭배의 미신이라는 죽기살기식의 날 선 공격으로 그만 안으로 안으로 움츠러들었다고 봅니다. 이런 안팎의 공격으로 인해 부처님에게로 향하는 뜨거운 마음을 사회에서 자신 있게 온전히 키울 수가 없었고, 당당하게 내세울 수가 없었습니다. 부지불식간에 그만 사회적인 억압과 상처를 입은 것입니다. 결국 이러한 안팎의 공격은 한국불자들의 신앙심을 허약하게 만드는 중요한 한 요인이 되고 말았습니다. (법회라도 있었다면 충분히 방패가 되었겠지만…….)

2) 이제 한국불교의 미래는 오로지 불자들의 신앙심 강화에 있다는 사실을 통렬히 절감하고, 신앙생활을 통한 신심증장으로 모든 장애요인을 극복해야 합니다. 그러하기 위해서는 전 불자가 법희충만法喜充滿한 〈절마다 매주 일요정기법회〉 개설의 용맹정진에 동참동행해야 합니다.

그렇지 않고 너도나도 불교의 앞날에 대해 마냥 걱정만 늘어놓는다고 해결될 일은 아닐 것입니다. 또는 몇몇 고승이나 출가자들에게만 이 일을 맡겨 놓아서도 안 될 것입니다.

3) 불자 모두가 신앙심을 키우는 신앙생활에 대한 통렬한 자성自省과 대각성 운동을 일으켜 신앙심을 강화해 나갈 때, 우리 불교가 민족과 인류를 밝은 길로 인도하는 빛이 될 수 있을 것입니다. (우린 아무리 힘들어도 이 원칙을 지켜야 합니다.)

고난 속에서도 인류에게 빛이 되고 있는 저 티베트인들의 열렬한 신앙심이야말로 오늘 우리가 배우고 받아들여야 할 훌륭한 교과서이고 좋은 본보기라고 봅니다. 이는 우리가 티베트 불교와 달라이라마를 존경하는 까닭일 것입니다.

4) 이에 한국불교 발전의 비결秘訣은 바로 신심증장의 〈절마다 매주 일요정기법회〉를 (매주 일요일 또는 토요일 내지 공휴일 등) 상설하고, 불자들이 '설법·청법'의 법회수행에 동참정진하는 일이라는 것을 거듭 강조합니다. 한국불교의 목표는 보살군菩薩群의 무한양성입니다. (물론 관행적인 초하루 보름법회도 열어야 합니다. 각 절의 특수성과 형편에 맞게)

5) 이에 먼저 스님들은 매우 특별한 경우가 아니면 독살이는 애써 하지 말아야 하고 더욱이나 음풍농월의 신선이나 독각승은 결코 되지 말아야 합니다. 나아가 부귀영화는 악귀처럼 멀리하고 여법하고 검박한 생활로 사회의 모범이 되도록 부단히 노력해야 할 것입니다. (출가자로 양심껏 고귀하게 살아야지요.)

6) 출가자가 법회를 열지 않거나 소홀히 여겨서는 만나는 사람을 법으로 대하지 못합니다. 한갓 인정을 앞세우고 세간의 의리를 내세워 친분을 도모하고 오히려 그것을 자비라고 강변할 겁니다. 이는 법을 소홀히 하여 생기는 폐단이고 망발입니다. 우리불교는 오직 법이 근본이 되어야 합니다. 따라서 인간

관계도 법이 바탕이어야 하지요. 불교는 진리의 종교, 법의 가르침이기 때문입니다.

7) 또한 신도들은 한갓 취미 어린 풍류객이나 복을 구걸하러 이 절 저 절 정처없이 떠다니는 거지나 기회주의자 내지 유랑객은 되지 말아야 할 것입니다. 이런 신앙의 근성과 잘못된 신앙행태는 시급히 버려야 할 것입니다. 그런 것들을 자신 내부로부터 일망타진 발본색원 해야지요. 이제 출가와 재가 모두가 진정한 보살로 참된 수행자로 엄숙하게 돌아가야 합니다. 제발, 대비구세 삼보와 성현들의 눈물을 그치게 해야 합니다. (더 이상 죄를 짓지 말자는 것입니다.)

8) 특히 출가불자인 스님들은 구도와 전법에 전심전력 해야 합니다. 출가자 모두가 과거엔 누구의 자식이었겠지만, 짐짓 세속의 부모형제 곁을 떠나온 것은 오로지 구도를 위해서고, 더 큰 부모형제를 위한 부처님의 전법부촉 때문이 아닙니까? (잊지 않았지요. 결코 우리는 그 사실을 잊어서는 안 됩니다. 때때로 자신의 머리를 만져 보면 압니다.)

9) 비록 시대가 바뀌고 인심이 달라졌다고 하여도 그걸 빌미로 출가위승한 스님들의 근본이 달라지면 안 됩니다. 출가본분을 떠나 스님들이 속가의 일에 인사를 차리기 시작하면 결국 구도전법에 소홀해지게 되고 세속의 가치에 노출되어 그만 출가

본분을 잃게 됩니다. 곧 눈 뜬 장님, 당달봉사가 되고 말지요. 누굴 이끌겠어요. 자칫 부처님께 죄 짓게 되는 것이기에 매우 조심해야지요. (삼귀의를 결코 잊지 말아야 합니다.)

10) 작금의 일부 영향력 있는 지도자급 스님들의 속가 일에 출가자들이 구름처럼 모여들고 절에서 보낸 화환이 넘쳐나고 있습니다. 분명 한국불교의 신풍속도가 펼쳐지는 것 같아 촉각이 곤두섭니다. 이 또한 세속화, 세속주의의 물결이 아닐까요? 영향력 있는 스님들, 부디 깊이 생각하여 처신해야 할 일입니다. 마치 눈 뜬 장님처럼 대중을 이끌지 못하면, 저 재가불자들의 삼보에의 지극한 경배를 어떻게 감당하렵니까?

11) 각 절마다 성실하게 법회를 키워 가면 머지않아 한국불교가 총체적으로 다시 일어설 것입니다. 우리 불교가 국가사회, 북한동포와 해외동포, 내지 세계인류에게 진리를 전할 수 있는 힘도 〈절마다 매주 일요정기법회〉를 시작하는 것에서 나온다는 사실을, 우리는 눈앞에 불을 보듯 엄숙하고 진지하게 바라볼 수 있어야 합니다. 부디, 우리 모두 이 점 대오각성해서 서둘러 〈절마다 매주 일요정기법회〉를 속속 열어야 할 것입니다. 〈절마다 매주 일요정기법회〉 개설은 도道 깨닫는 일보다 훨씬 더 우선되어야 한다고 봅니다.

12) 또 서둘러 대오각성해야 할 일은 일부 출가불자들이 암암

리에 누리는 부귀영화입니다. 좋은 차車와 호의호식과 걸핏하면 나서는 해외여행, 그밖에도 부끄러운 유흥과 오락행위들……. 세상이 다 보고 있습니다. 몹시 두려워해야 합니다.

혹시 강심장이나 철면피이어서 두렵지 않습니까? 앞에서도 누누이 강조한 일입니다. (정말 그만 말하고 싶네요.)

수행자 스스로가 절제되지 않고 통제되지 않을 때는 하다 못해 눈치볼 곳이라도 있어야 한다고 했는데 당달봉사 눈에는 그마저 뵈는게 없으니……. (출가 이전의 인간양심이지요. 어쩌다 이런 말까지 해야 하다니…….)

13) 대개 습관은 크게 두 가지가 있는데 바른 습관일수록 태도가 당당해지고 비뚤어진 습관일수록 인성이 점점 뻔뻔해진다고 합니다. 그러므로 참회할 일이 있으면 화급히 참회해야 합니다. 더 늦기 전에…….

그리하여 우린 이제 일체의 시간과 모든 노력을 전적으로 법회에 바쳐야 합니다. (비구·비구니를 비롯한 사부대중은 오직 법회에 충성을 다해야 합니다. 출격장부가 당연히 충성을 바칠 곳.)

14) 출가불자인 스님들의 본분과 본업은 오로지 구도와 전법입니다. 이 두 말은 하나의 행위입니다. 그러므로 노래하고 춤추고 그림 그리거나 운동하고 요리하고 글씨 쓰는 일이 출가의 본분사가 되어서는 안 될 것입니다. 물론 불교미술이나 불교음

악, 사경이나 불교무용 등, 신앙을 키우는 일을 말하려는 것은 아닙니다. 다만 스님들이 불교예술에 종사해도 먼저 법사로서 법회를 이끌어야 본분임을 말하고 싶고, 특히 여기서는 신앙심이나 설법보다 세간적인 재주를 앞세워 인생을 살려 하거나 인기를 구하려는 경우입니다. 백 번 양보하여 그렇다면 굳이 머리를 깎지 않아도 되었겠지요. (스스로 자신의 머리를 만져 보세요. 왜 깎았는지…….)

15) 그러므로 그런 것들은 어디까지나 교양으로, 건전한 여가로나, 아는 듯 모르는 듯 가만히 할 수 있는 일입니다. 물론 당사자들은 전법교화의 방편이라고 강변하고 싶겠지만 매주 일요정기법회가 아예 없는 곳에서 무슨 방편입니까? 원칙이 있어야 방편도 있지요. 어디까지나 법회를 통해 구도전법의 대강을 세운 뒤 방편을 삼든지 또는 살짝 여가로 삼아야 합니다. (이도 역시 남이 아는 듯 모르는 듯…….)

16) 영향력 있는 어느 (불자도 아닌) 사회인사의 행사장에 절이름, 스님 이름의 화환이 즐비한 것을 자주 보게 됩니다. 보낸 당사자의 본의와는 달리 볼 수도 있었습니다. 이 또한 절다운, 스님다운 방법은 없을지 심각하게 고민해야 할 것 같았습니다. '절과 스님'이라는 이름은 세간의 명예나 부, 권세와는 무관하게 공평함을 떠올리는 말이기 때문입니다. 과연, 이웃의 평범

한 장삼이사張三李四의 일에도 빠짐없이 화환을 보내는지요?

무상도無上道를 깡그리 배척한 저 세간의 관견선비들도 배밭에서 갓끈을 고쳐 매지 않는다고 하는데…….

하물며 부처님의 성제자이며 불교의 삼보인 분들이 남이 보기에 마치 냄새를 맡고 몰려드는 '뭐(?)'와 것 같은 혐오스런 시선을 받아서야…….

17) 배우지 않고 공부하지 않고 설법하지 못하면, 주지를 맡을 수 없다는 인식의 공감대를 폭 넓게 형성해야 합니다. 요즘은 신도들도 열심히 공부하기 때문에 출가자나 설법자는 그들보다 몇 배는 더 공부해야 할 것입니다. 그렇게 되면 얻는 것이 하나 둘이 아니지요. 스님들이나 신도들 수준 올라가는 일은 가만히 둬도 저절로 되고, 한국불교 발전은 자고날 때마다 달라질 것입니다. 세상은 정법 앞에 머릴 숙이고, 사람들은 진정한 진리 앞에 환희용약할 것입니다. (아, 새로운 세상! 그 이름 거겠룩할사 미륵세상이겠죠.)

왜 이리도 쉬운 일을 우리가 하지 않는지……, 아무리 생각해 봐도 영문을 모르겠고, 그 까닭을 알 수 없습니다.

21 한국불자들, 오직 대각행원구국구세 大覺行願救國救世의 열렬한 보살로 살아야

1) 이제, 우린 사회운동하는 그 힘으로 먼저 법회를 열어야 합니다. '부처님 법 제일주의'로 당당하고 씩씩하게 행진해 나가야 합니다. 불교가 살아나야 세상이 살 수 있다는 엄연하고 당연한 사실에 두 눈을 크게 부릅떠야 합니다.

2) 복지나 봉사의 힘, 지혜와 자비의 힘, 서원과 정진의 힘, 크고 작은 모든 힘이 오로지 불법에서 나와야 합니다. 신앙심

에서 솟구쳐야 합니다. 그렇지 않으면 불교가 아니고 불교도가 아닙니다. 설령, 아무리 크고 화려한 일을 해도 개인들의 일시적인 활동일 뿐입니다. 단연, 법회가 중심이 되어야 합니다. 법이 없으면 그만 교만에 빠져 업적은 순식간에 아침이슬이 되고 맙니다. 사람이 큰 일을 할수록 업적이 클수록 법회의 진리거울 앞에 자주 서야 합니다. 이는 참으로 명심해야 할 천고만고의 철칙이라고 할 것입니다.

3) 바야흐로 한국불교의 종단을 초월해 거의 모든 스님들은 불교신앙의 큰 축인 삼보로서의 위상과 대접을 받고, 또 받으려고 하면서도 그 의무와 역할은 왜 소홀하게 여기는지, 이제 스스로 진지하게 돌아봐야 할 때입니다. 심지어는 어제 양복 입고 있다가 오늘 승복 입은 경우도 허다합니다. 그들은 더욱 깊이 자세히 자신을 돌아봐야겠지요.(부디 '거룩한 스님들께 귀의합니다'가 빈 껍질이 되지 않도록, 불교신앙이 허물어지지 않도록……. 스님답도록 노력합시다.)

만약 스님들이 자성自省하여 삼보의 한 축으로서 위상을 찾지 않고 그대로 계속 방치하여 흘러가면 그 끝은 어디일까요? (더 이상 생각하기도 싫습니다.)

4) 불자들도 이 물질만능의 감각적인 세태의 흐름에 따라 어느 정도는 육신을 건강하고 안락하게 보살펴야 하겠지만 정신

을 바로 세우는 신앙심강화는 그보다 더 우선적이고 화급한 일입니다. 이에 스스로 맹성猛省이 있어야 할 것입니다.

5) 그러므로 우리 불자들은 신앙심 강화로 '설법 · 청법'의 법회동참에 앞장서서 개인과 가정을 진리로 바꾸고, 사회와 나라에 '연기緣起 · 중도中道'의 진리를 일깨워 국민정신을 확립하여 조국을 빛내고 인류와 지구를 구해내야 합니다.

이것이 진정한 부처님의 일이고 부처님으로부터 받은 지엄하신 부촉이라고 봅니다. 우리 사부대중은 가장 먼저 이 일에 철저하게 공명공감해야 할 것입니다.

6) 그러므로 호법은 호국호세이고, 정법은 구국구세입니다. 지구의 환경도 국가의 안보도 사회의 정의도 경제발전도 분배의 원칙도 약자에 대한 복지도 기회의 균등도 문화의 진흥도 예술의 창작도 법질서도 인간의 양심도 내지 삶의 모든 문제도……. 불법(호법 · 정법)에서 비롯되어야 합니다.

불자는 오로지 불법(佛法 : 연기 · 중도)에서 그 각각의 해결책을 찾아야 할 것입니다. 불법 밖에서 찾으면 외도입니다. 왜냐하면 모든 것〔현상〕의 근원〔본질〕이 법이기 때문입니다.

우린 법이 무궁무진하므로 청법을 통해 끝없이 깨달아 나가야 하고 실현해 가야 합니다. 순간순간 자각생명으로 살아야 합니다. 잠시라도 잊거나 멈추면 안 됩니다. 그 속성이 흐름이기 때문입니다.

7) 또한 불교의 모든 기관에는 '노동조합'이 없어야 합니다. 즉 노勞와 사使의 구별이 없어야 한다는 말이며 모두가 주인이어야 한다는 뜻입니다. '노동조합'의 결성과 과정 자체에 첨예한 대립각을 의미하고 예고하는 뉘앙스가 들어 있습니다.

이를 극복하기 위해서는 먼저 출가종무원들이 모범을 보이고 자비를 내세워 잘해야 함은 말할 것도 없고, 동시에 재가종무원들도 불교의 앞날을 내다보고 각성하여 부처님의 뜻을 잘 받들어야 할 것입니다.

정신적으로 몹시 풍부한 불교에서, 우리 종단에서 하루빨리 없어져야 할 두가지는 '선거'와 '노동조합'입니다. 진정한 호법과 구국구세 차원에서 시급히 소멸되어야 할 자본주의가 낳은 찌꺼기들입니다. (무대립의 화쟁사상을 생각해 보면 알게 될 것입니다.)

8) 불자들에게 설법을 통해 사회를 바라보는 진리의 안목을 열어줘야 합니다. 사회를 두루 통섭하는 폭넓은 시야를 열어주지 못하면 삶이 혼란에 빠집니다. 안목이 없기 때문이지요. 바로 이 점이 불교를 믿으면 얻게 되는 제**1**의 이익이 되어야 합니다. 물론 이는 진리에서 비롯한 현상에 대한 해석이고 대응 방법이지요. 사실 이 점이야말로 부처님의 법을 현실 가운데

살아 있게 하는 중요한 핵심이 됩니다.

　불법佛法이 언제는 죽었고 또 언제는 살아 있고 하는 것이 아니지만, 불자들이 법을 제대로 쓰느냐 쓰지 못하느냐에 달린 것입니다. 불자들이 진리적인 삶을 살아갈 수 있도록 인도하고 가호하는 것이 〈절마다 매주 일요정기법회〉입니다.

　9) 불교는 진리 그 자체이므로 진리성이 뛰어나다고 말하며, 뛰어난 진리의 가르침이기에 불자들이 조금만 정신차려 자기 자리만 지켜도 세상이 평화스럽고 안정될 것입니다. 우리나라 각 종교의 가르침은 시간 속에서 점차 국민성이 되어 가므로 다종교 사회의 우리 국민성은 다양화되고 매우 복잡해질 겁니다. 이 점에서 더욱 참된 진리성이 중요합니다. 진리성이 갖춰지지 않은 종교의 치우친 가르침이 국민성이 되면 돌이킬 수 없는 혼란과 대립이 올 수도 있습니다. 물론 이원론二元論의 태생적인 한계이겠지요. 이 점도 알고 있어야 합니다.

　따라서 불자는 명확하게 이런 현실을 인식하고 방향을 잡아야 합니다. 어쨌거나 대비구세大悲救世의 뜻을 살리지 않으면 안 됩니다. 그렇지 않으면 나라가 혼란에 빠지고 인류가 길을 잃고 헤매게 됩니다. 지금처럼 불자가 법회를 소홀히 한다면 저 오래된 신교神敎에서는 회심의 미소로 웃을지도 모릅니다. 불교가 웃음거리가 된다는 뜻이지요. 〈절마다 매주 일요정기법회〉를 하지 않으면 말입니다.

10) 이제 사부대중의 자각과 대분발이 있어야 부처님의 뜻하심과 지극한 부촉을 저버리지 않게 될 것입니다.

바야흐로 인심은 급속도로 물질과 허상에 종속되고 육창六窓의 원숭이는 분수도 모르고 마구 날뛰니, 때는 절체절명의 심히 위태로운 순간입니다.

"아아, 대자대비 삼보三寶이시여, 한국불교를 가호하시고 인도하소서! 대각행원구국구세를 천둥처럼 쿵— 크르릉 크게 울리소서. 떨쳐 울리소서, 원만성취 사바하!

나무마하반야바라밀다

나무석가모니불

나무석가모니불

나무시아본사석가모니불"

후기

나의 자경문自警文, 나의 출사표出師表

1

만 10년 만에 『광덕스님시봉일기』 시리즈 본책 11권과 별책 1권을 출간한 뒤, 그동안 내가 뭔가를 하긴 했는데 과연 뭘 했으며, 나에게 남은 것은 또 무엇인가? 자문해 보고 자답해 보았습니다. 그런 자문자답의 생각들을 정리한 것이 바로 이 글입니다.

내가 빼어나게 잘났으나 지지리 못났으나 그것과 관계없이 나는 스님〔金河堂光德大禪師〕 상좌로서의 신분을 가지고 있으며, 실지로 내 몸에는 스님의 손때가 구석구석 묻어 있습니다. 세월이 한참 흘러간 지금도 내 몸 곳곳에 베인 스님의 손때는 아직 남아 있고 체취는 가시지 않았습니다. 아마 이 몸이 무너질 때까지도 스님의 손때는 벗겨지지 않을 것 같습니다.

그뿐 아니라 스님의 가르침은 내 마음의 메아리로 남아 여태껏 수시로 울리고 있습니다. 이 또한 그칠 줄 모르고 앞으로도 계속 울릴 것 같습니다.

그래서 지난해 11월 16일에 봉헌법회를 끝내고 그 전부터 만져오던 원고를 다시 손질해서, 감히 〈광덕스님의 뜻에서 본 한국불교의 진로〉라는 주제를 앞세워 정리해 보았습니다. 이것은 오늘의 시대와 불교의 현실을 스님이라는 안경을 통해 바라보고 싶어서 붙인 제목입니다. 사실, 솔직히 고백한다면 불광이 스님의 뜻대로 갔으면 하는 간절한 희원 때문입니다. 어쨌거나 어디까지나 이 일은 오로지 나의 (스님이라는 안경을 꼈어도) 눈을 통해서입니다. 그러므로 이 소견小見은 전적으로 나의 깜냥일 수밖에 없습니다. 이 점을 미리 전제하고 양해하심을 구합니다.

그러므로 이 글이 스님과는 아무런 관계가 없는 일일지도 모릅니다. 그것은 (스님의 가르침) 물은 똑같지만 소가 먹었을 때와 뱀이 먹었을 때와는 크게 달라지기 때문입니다. 따라서 물의 성질은 지극히 평등하지만 먹고 작용하는 것에서는 큰 차이가 납니다. 내가 스님이라는 안경을 이용하여 바라보는 관점도 그와 같을 것이기 때문에 스님과는 하등의 관계도 없다고 말하는 것입니다.

그렇다면 왜 버젓이 드러내놓고 '광덕스님' 운운 하는가입니다. 내가 의도적으로 짐짓 스님과 관계를 지으려는 것은, 잘못

된 것은 전적으로 내가 책임(눈[眼])을 지지만, 혹시 하나라도 잘된 것이 있거나 불교발전에 도움될 것이 있다면 어김없이 스님의 공덕으로 돌리고 싶어서입니다. 나는 그 분에게 가르침을 받았고 보살핌의 은혜를 입었기 때문에 이 글에서라도 다소간의 공덕이 있다면 얼마간의 보은이 될 수 있지 않을까 믿어서입니다. 그러나 매우 조심스러운 것도 사실입니다.

2

더러 세상을 살다보면 비록 깨어진 거울조각[이 글]이라도 요긴하게 쓰일 때가 있습니다. 물론 온전한 거울보다야 못하겠지만 그래도 없는 것보다야 낫다는 것을 알기 때문에 간혹 사람들은 '혹시나'를 위하여 깨어진 거울조각을 주워 들고 바짓가랑이에 쓱쓱 문질러 닦아 간직해 둡니다.

나는 그처럼 사람들이 평소에는 그 가치를 모르다가 아쉬울 때 찾는 깨어진 거울조각을 갈무리해 두는 심정으로 이 글을 씁니다. 아니, 이 글의 의미와 용처를 깨어진 거울조각의 역할로 자처하는 것이지요. (더 큰 것은 감당하기에 벅차서요.)

크고 밝은 거울이 즐비할 때는 도무지 쓸모없는 것이지만 혹시라도 그런 거울이 없을 때는 없는 곳에서는 이 깨어진 거울조각이나마 누군가가 찾게 되지 않을까? 조그만 의미와 용처라도 있게 되지 않을까? 이런 아주 작은 기대 때문입니다.

3

그리고 나는 출가자로서 내 자신이 매우 부족하다고 생각하고 늘 참회하면서 삽니다. 계·정·혜, 삼학三學에 대한 공부는 얕기만 하고, 도덕과 계행戒行의 인격은 편협하여 고집만 앞세우고, 예절과 처신은 머트롭기 그지없어 줄곧 외로움 속에 갇혀 지내고, 신앙심은 온전치 못하여 살짝 미풍만 일렁여도 마구 흔들립니다. 참으로 보잘것없지요.

내 비록 그런 한심하기 짝이 없는 위인이지만 그래도 명색이 출가자니까 인생수행의 목표는 있어야 하지 않겠습니까? 지혜는 둔탁하고 게으름은 깊고 업장은 두터워도 행여 목표라도 있게 되면 정진의 이유와 희망의 불씨는 사그라지지 않을 테니까요. 또한 약간의 노력도 하게 되고 거기서 위안도 받게 될 테고요.

그러니까 어쩌면 이 글은 사람들에게 내보이고자 쓴 것이 아니라 내 자신이 내 자신에게 촉구하고 반성하고 꾸짖고 훈계하고 경계하기 위해 쓴 글이라는 것이 솔직한 이유입니다.

다만 당금의 모든 '출가·재가'의 선지식들께서는 출가자로서 나의 이 인생수행 목표를 증명해 주시고 지켜보아 주십사 하고 공개요청하는 것이 '책'이라는 수단이 되었습니다. 혹시 이 글을 읽는 분이 계시면 이 점도 깊이 이해 바랍니다.

4

또한 나도 숨 쉬고 밥 먹어야 사는 보통 사람이고, 그런 사람의 성질을 고스란히 지녔기에 나에게도 남모르는 아픔이 있습니다. 혼자 속으로 끙끙 앓고 있는 나만의 숨은 아픔이 있다는 것이지요. 그것은 스님에 대한 은혜를 갚지 못한 송구함과 보은할 기회를 잃은 아쉬움이 골수에 사무쳐 회한이 된 아픔입니다. 사실은 그 회한 때문에 스님 가신 지난 세월을 버텼고 앞으로도 줄곧 버텨 나갈 것 같습니다. 인생은 참 묘한 아이러니지요.

그래서 그동안 스님과 관계된 일을 하면서 도대체 무엇을 했는지 우선 나 자신과 세상에 그 보고서를 제출해야 하겠다고 최근에 마음먹게 되었습니다. 그런 점에서 이 글은 스님의 사상에 대한 내 나름의 간추린 보고서이기도 합니다.

5

불교를 제외한 세상의 거의 모든 사상은 이원론二元論의 틀을 가지고 있으며, 끝내 그 틀을 벗어나지 못하고 있습니다. 저, 유사이래 지금까지도……. 결국 세상의 모든 사상은 동서고금의 시대에 따라 장소에 따라 대상이나 이름이 조금씩 다르다는 것뿐이지, 기본골격은 거의 같다고 보면 될 것 같습니다. 이원론으로서의 사상적인 한계 말입니다. 그런 이원론의 사상이 줄곧 이 인간세계를 지배하고 있습니다.

이는 동시에 이원론의 태생적인 한계를 인류가 벗어나지 못하고 있다는 것이지요. 때문에 세계는 대립과 갈등이 끊일 사이가 없고, 분쟁과 전쟁이 이어지고 있으며, 힘을 앞세운 패권주의와 제국주의적인 패자논리가 정의로 둔갑하여 온갖 방법으로 인간을 차별하고 억압하고 있습니다. 저, 안타까운 티베트를 보세요.

이 점을 일찍이 간파한 스님께서는 부처님의 대각으로 나라를 구하고 세상을 구해야 하겠다는 서원을 부처님께 공양하고 줄곧 그 운동을 벌여 왔습니다. 바로 '대각행원구국구세大覺行願救國救世' 운동입니다. 이는 곧 불이론不二論의 근간인 '대각大覺'에 대한 믿음과 실천으로 나라와 세상을 구한다는 지극히 평화적인 삶의 선언, 생명선언이었습니다.

6

일찍이 스님의 이러한 사상 앞에 두 무릎을 꿇었던 나로서는 중단하거나 변절하지 않고 끝까지 스님의 사상과 행에 몸과 마음을 다 바쳐 충성하고 싶습니다.

그러기에 여기 이 글을 앞으로 대각행원구국구세운동을 펼쳐 나가야 하는 나의 출사표出師表로 삼고 싶습니다. 성현들과 세상의 신천초목과 장삼이사의 인류 모두에게 바치는 출사표 말입니다. 순순히 받아들여 허락될지 모르겠습니다. 아니면 범용한 필부승의 만용으로 끝날지도 모르겠습니다. 약간의 두려움이 앞서기도 합니다. 기대와 실망이 교차되는 묘한 느낌이 주는 두려움입니다. 그러나 우리가 목표를 향해 전진하다가 앞에 장애물이 나타나면 누군가는 나서서 치워야 하지 않겠습니까. 그래서 그런 보살행을 한다는 생각으로 마음을 고쳐먹기로 했습니다.

7

또한 매우 공교롭게도 《유마와 수자타의 대화》 시리즈도 즈음하여 출간되었고, 거기의 정신도, 역시 세상의 모든 이원론을 뭉뚱그려 몽땅 불이론으로 회귀코자 강력하게 주장하고 있습니다. 묘한 인연이었습니다. 무려 넉 달을 꼬박 밤낮으로 달라붙어서 그 작업을 했지요. 4권의 책이 되었습니다.

그 시리즈에 대한 안내서를 저명한 소설가이신 청양거사 이재운 불자님이 자원자담하여 정리하였기에 이 글 앞에 제1부로 함께 싣게 되었습니다. 이 역시 나의 출사표를 장엄하고 응원하고 지지하고 있습니다. 불자님의 노고가 매우 고마운 일이지요. 유마거사와의 인연을 통해 이웃 인연이나 도반 인연은 평소 가까운 사람만이 아니라는 것도 알게 되었습니다. 살아서는 유마거사를 전혀 몰랐기에 말입니다.

8

거듭 이 글은 전적으로 내 자신의 자성문自省文이며 자경문自警文임을 밝힙니다. 내가 비록 출가자 중에서도 변변치 못한 수행자이고 한미한 사람이긴 하지만 속으로는 어찌 꿈과 이상과 희망, 목표가 내 나름대로 없겠습니까. 나의 그 꿈과 이상이 바로 여기에 실린 글이며, 또한 내 인생의 목표이기도 합니다.

이제 그 목표와 이상을 향하여 앞으로 나아가고자 합니다. 스스로 정한 이 기준에 어긋나지 않겠다는 각오로 조용히 착실하게 전진해 나아가고 싶고 나아갈 것입니다.

그러기 위해 그동안의 모든 찌꺼기도 지난 음력 섣달 그믐날 다 털었습니다. 나이가 들고보니 스님을 더욱 잘 모시고 싶은데 조금이라도 내 생각이 남아 있으면 스님 모실 자리가 그만큼 좁아지지 않겠습니까. 그래서 내가 찾아갔지요. 무거운 발걸음을 옮기며……

이제부터는 한결같이 노력에 노력을 더할 뿐입니다. 스승의 가르침을 배우는 일 말입니다. 가진 것, 할 수 있는 것이라고는 사실 그것밖에 없기도 하니까요.

9

　그러기에 이 글은 앞으로도 계속 수정하고 보완할 것이며 더러는 빼기도 하고 보태기도 할 것입니다. 그리하여 어느 땐가 모를 나의 안광락지시眼光落地時에 이 글을 기준하여 내 스스로를 점검하고 채점하여 점수를 매기고 싶습니다. 아니, 어쩌면 스님께서 매겨 주실지도 모르겠습니다.

　즉, 다시 말하자면 이 글의 여러 항목은 내 인생의 점수를 내가 매기거나 스님께서 매길 최후의 채점판입니다. 과연 몇 점이나 나올지 내 자신도 자못 기대되는 일입니다. 물론 두렵기도 하고요.

　아무쪼록 교계 대덕제현大德諸賢의 질정叱正을 바라마지 않습니다. 그리고 이 책이 나오기까지 마음을 기울여 주신 불자 여러분, 정말 감사합니다.

　나무마하반야바라밀다

불기 2553(2009)년 정월
선사원적先師圓寂 10주기를 앞두고
안성安城 청량도솔산 묘향대淸涼兜率山妙香臺에서
不肖門人 松菴至元 謹誌